U0274515

新时代营销新理念

带你从0到1做个赚钱的小红书

何星河 著

清华大学出版社
北京

图书在版编目（CIP）数据

带你从 0 到 1 做个赚钱的小红书 / 何星河著. —北京：清华大学出版社，2024.5（2024.7重印）
（新时代·营销新理念）
ISBN 978-7-302-65996-9

Ⅰ.①带… Ⅱ.①何… Ⅲ.①网络营销 Ⅳ.①F713.365.2

中国国家版本馆 CIP 数据核字（2024）第 067693 号

责任编辑：刘　洋
封面设计：徐　超
版式设计：张　姿
责任校对：王荣静
责任印制：沈　露

出版发行：清华大学出版社
　　　　　网　　　　址：https://www.tup.com.cn，https://www.wqxuetang.com
　　　　　地　　　　址：北京清华大学学研大厦 A 座　　　　邮　　编：100084
　　　　　社 总 机：010-83470000　　　　邮　　购：010-62786544
　　　　　投稿与读者服务：010-62776969，c-service@tup.tsinghua.edu.cn
　　　　　质 量 反 馈：010-62772015，zhiliang@tup.tsinghua.edu.cn
印 装 者：大厂回族自治县彩虹印刷有限公司
经　　销：全国新华书店
开　　本：170mm×240mm　　　印　张：13.25　　　字　　数：201 千字
版　　次：2024 年 7 月第 1 版　　　印　次：2024 年 7 月第 2 次印刷
定　　价：79.00 元

产品编号：103423-01

2020 年，小红书快速发展，我和我服务的公司获得了第一波红利。之所以写这本书，是因为我看到太多的公司和个人，在小红书运营上走了太多弯路。

2020 年，我入职一家面向全球的在线美育公司，公司当时的运营策略是通过不断烧钱来获取客源。公司急于探索一条自媒体道路，于是老板给了我一个月时间，让我将自媒体做出成绩，否则我面临的可能就是降职降薪。

没有团队，没有帮手，我只能自己做调研、定选题、写文案、做剪辑，每天忙到连吃饭、上厕所的工夫都在研究渠道、行业和用户。

最终，我用 14 天打通了小红书到私域的商业闭环，其中的付出只有自己知道。在我的带领下，公司开始扩建团队、打造矩阵。单纯依靠自然流，我将公司营收做到了千万元级别，当然我也得到了升职加薪的回报。

在新冠疫情冲击之下，我见到很多传统中小企业线上转型无门，它们踩了很多坑、花了很多钱，时间精力都没少付出，效果却不理想。于是，我尝试在小红书上分享我的运营经验，没想到吸引了很多人关注，短短 5 个月就收获了 10 万粉丝，我的后台也收到越来越多人的私信和提问。这让我产生了写这本书的念头。

在这本书中，我将大家在运营小红书过程中遇到的普遍性问题加以整理，做出系统化的输出，所有运营经验皆来自我的实操，以及我在辅导学员过程中获得的经验，希望可以帮到所有希望在小红书平台有所作为的个人或团队。

读者该如何读这本书呢？我的建议是：

1. 学以致用

这是一本理论与实践相结合的书，一定要学以致用，将理论运用到实际当中才算真正理解。我相信，不管学习任何知识，一定是先有基础再有技术，知其然更要知其所以然，不能不假思索地用。所以，这本书会用案例佐证理论，希望帮助大家更好地理解。

2. 快速看完

我看书习惯于快速看完，不拖沓，这样就能紧跟作者的整体框架思路，我建议这本书你也可以尝试快速看完。

书中从小红书爆款笔记、个人定位、高赞文案、多维成交、运营机制、蓝V账号、运营思维、矩阵搭建等方面，全方位展示小红书的运营秘诀。

第1章，教会你轻松做出一篇小红书爆款笔记的正确方法和流程。

第2章，详细拆解定位，以及定位之后的账号搭建。

第3章，告诉你怎么完成一篇高赞小红书笔记。

第4章，为你讲述不同人群定位的商业闭环模式，以及小红书未来的赚钱趋势。

第5章，为你剖析小红书的运营机制，让你的流量具有稳定性，连续产出爆款。

第6章，讲述企业和公司如何发挥蓝V账号的优势，在自媒体做好传播。

第7章，讲述12个关键思维，让你的运营效果事半功倍。

第8章，讲述矩阵的最优搭配方法，以及小红书常见矩阵的打法，助你扩大营收。

在新媒体世界里，每个人都可以发出自己的声音，艺术家安迪·沃霍尔曾经预言："在明天，每个人都可能在15分钟内出名。"

扫描二维码，
获取视频课程

目录
CONTENTS

第 1 章　爆款笔记：如何轻松打造爆款小红书账号

1.1　明确定位：找到正确的运营方向　002

1.1.1　个人定位：三招让你看上去更值钱　002

1.1.2　定位差异：企业号与个人号该如何选择　006

1.1.3　把握红利：在小红书掘金的人群　008

1.2　竞品分析：看够 100 个短视频再开始，会事半

　　　功倍　011

1.2.1　看选题，确定拍什么好　011

1.2.2　看封面，小红书超级符号——大封面　012

1.2.3　看标题，写上地址的"待收包裹"　013

1.2.4　看结构，掌握爆款节奏　015

1.2.5　看评论区，下一条爆款的诞生区　018

1.3　爆款笔记：爆款不一定高盈利，低粉高盈利才香　019

1.3.1　为什么粉丝没你多的账号，盈利却比你高？　019

1.3.2　流量快速承接，低粉高盈利　020

1.3.3　每一篇爆款笔记都是绝佳机会　021

1.3.4　把握用户画像，你不需要吸引所有人　022

1.4　拍摄剪辑低成本，快速出片，全流程精讲　024

1.4.1　不需要专业相机，也能轻松拍出大片质感　024

1.4.2　打光：简单又清晰的光线，拉升画面质感　029

1.4.3　剪辑：无剪辑不后期，10 分钟成片优化指南　029

第2章 个人定位：小红书定位与账号搭建

2.1 新手容易陷入的四大误区 036

2.1.1 误区一：过度追求粉丝量 036

2.1.2 误区二：盲目跟风 036

2.1.3 误区三：没有人设 037

2.1.4 误区四：定位一成不变 039

2.2 横向定位，定位定心定江山 040

2.2.1 明确商业定位 040

2.2.2 明确人群定位 042

2.2.3 明确内容定位和形式 044

2.3 纵向定位，找到定位的具体方法 047

2.3.1 定位探索期：深度剖析自己 048

2.3.2 定位加固期：形成用户思维 052

2.4 完善账号定位，根据定位搭建账号主页 053

2.4.1 涨粉四件套 054

2.4.2 封面装修"超级符号" 057

第3章 心动文案：高赞小红书内容怎么写

3.1 小红书易火的内容，其文案有何特点？ 062

3.1.1 太阳底下没有新鲜事 062

3.1.2 故事共鸣，引发用户代入感 063

3.1.3 观点升华，价值认同 065

3.2 提高视频完播率的六大经典开头 066

3.2.1 设置悬念 067

3.2.2 强调专业 068

3.2.3　经历相同　　　　　　　　　　068

3.2.4　击打痛点　　　　　　　　　　069

3.2.5　稀缺价值　　　　　　　　　　070

3.2.6　颠覆认知　　　　　　　　　　070

3.3　吸引人点击的八类封面标题　　　　071

3.3.1　"超级符号"大封面　　　　　073

3.3.2　盘点合集　　　　　　　　　　075

3.3.3　直击痛点　　　　　　　　　　076

3.3.4　良言相劝　　　　　　　　　　077

3.3.5　对比反差　　　　　　　　　　079

3.3.6　画面吸引　　　　　　　　　　080

3.3.7　名人效应　　　　　　　　　　081

3.3.8　情绪表达　　　　　　　　　　082

3.4　五大类型看完让人忍不住想互动　　083

3.4.1　情绪共情　　　　　　　　　　084

3.4.2　回忆共鸣　　　　　　　　　　086

3.4.3　合集干货　　　　　　　　　　089

3.4.4　获得好处　　　　　　　　　　090

3.4.5　引发认同　　　　　　　　　　091

第 4 章　多维成交，小红书盈利方式和趋势

4.1　素人博主如何赚钱？　　　　　　　094

4.1.1　博主三大赚钱方式　　　　　　094

4.1.2　素人做内容如何起步？　　　　097

4.2　超级个体如何赚钱？　　　　　　　100

4.2.1　咨询个案　　　　　　　　　　101

4.2.2　知识课程　　　　　　　　　　102

4.2.3　社群圈子　　　　　　　　　　　　103

4.3　品牌商家如何盈利？　　　　　　　　103

4.3.1　哪些行业适合进驻小红书？　　　　104

4.3.2　品牌内容种草与投放策略　　　　　107

4.3.3　多账号做矩阵　　　　　　　　　　109

4.4　小红书未来赚钱趋势　　　　　　　　109

4.4.1　薯店　　　　　　　　　　　　　　110

4.4.2　直播化　　　　　　　　　　　　　112

4.4.3　赛道多元化开放化　　　　　　　　114

第5章　了解平台是运营制胜的关键

5.1　运营机制，小红书三大核心机制　　　118

5.1.1　审核机制　　　　　　　　　　　　118

5.1.2　推荐机制　　　　　　　　　　　　120

5.1.3　展示机制　　　　　　　　　　　　121

5.2　小红书账号运营的规则技巧　　　　　122

5.2.1　正确理解养号　　　　　　　　　　122

5.2.2　什么是账号权重？　　　　　　　　123

5.2.3　如何给账号打标签？　　　　　　　124

5.2.4　发布技巧和运营借势　　　　　　　125

5.3　数据分析让流量具有稳定性　　　　　128

5.3.1　小红书内部数据分析法　　　　　　129

5.3.2　两个数据分析外部网站　　　　　　131

5.4　如何降低账号的运营风险？　　　　　133

5.4.1　如何避开运营雷区？　　　　　　　133

5.4.2　什么是限流？　　　　　　　　　　134

5.4.3　平台官方账号，小红书是一场开卷考试　　　136

第 6 章　蓝 V 账号在运营上的独特之处

6.1　小红书的账号类型　　　140

6.1.1　大众对蓝 V 账号的认知误区　　　140

6.1.2　蓝 V、个人账号、红 V 账号的区别　　　141

6.1.3　升级专业号的步骤　　　141

6.2　蓝 V 账号在运营上的独特优势　　　143

6.2.1　平台与商家共赢　　　143

6.2.2　功能多元　　　144

6.2.3　公信力强　　　148

6.3　企业品牌如何摆脱冰冷的形象？　　　149

6.3.1　人格化运营，让账号更有温度　　　149

6.3.2　找对记忆点，让用户记住你　　　153

第 7 章　扭转思维，小红书制胜的黄金法则

7.1　扮演自己，突破认知　　　158

7.1.1　定位思维：为什么会的很多，还是不知道
怎么做？　　　158

7.1.2　迭代思维：穿越自媒体，黑洞期要经历多久才能做
起来一个账号？　　　160

7.1.3　运营思维，凭什么随便招一个运营，就希望 Ta
能帮你拿到结果？　　　162

7.2　扮演用户，善于借势　　　164

7.2.1　用户思维：为什么越是专业的人越难做好
小红书？　　　164

7.2.2 内容思维：哪些内容才会被广泛传播？ 166

7.2.3 借势思维：不要创造认知，要借用认知 168

7.3 扮演品牌，认知进化 171

7.3.1 闭环思维：为什么出了爆款也不赚钱？要如何
突破？ 171

7.3.2 IP思维：为什么要打造个人IP？个人品牌和
账号有什么区别？ 172

7.3.3 植入思维：为什么粉丝没你多，赚钱却比你多？ 173

7.4 扮演小红书平台管理者，建立上帝视角 174

7.4.1 数据思维：流量一直不好，要如何找到可量化的
经验？ 175

7.4.2 平台思维：站在小红书产品经理的视角看，内容
会不一样吗？ 176

7.4.3 闭环思维，为什么要从关注粉丝量到关注人的
留量？ 178

第8章 矩阵搭建，从一个号到多个号

8.1 矩阵优势：全方位展示发声，倍数级提升曝光 182

8.1.1 加强曝光，从一个人到一个团队 182

8.1.2 搭建团队：不同体量的业务，如何配置团队？ 183

8.2 建立矩阵：3种最常见的矩阵打法 184

8.2.1 品牌号与人设号 185

8.2.2 塑造不同人设，走差异化道路 186

8.2.3 组建关系 187

8.3 账号协同：矩阵账号如何高效搭配？ 189

8.3.1 用好基本功能，账号关联玩法 190

8.3.2 精细化人群运营 191

8.3.3　大小号简介联动引流　　　　　　　　　　　　193

8.3.4　内容长效涨粉，直播承接成交　　　　　　　193

8.3.5　家庭矩阵号　　　　　　　　　　　　　　　194

8.3.6　MCN 集合矩阵　　　　　　　　　　　　　195

8.4　店面装修，做好企业的线上门面装修　　　　　　196

8.4.1　开薯店　　　　　　　　　　　　　　　　196

8.4.2　店铺装修　　　　　　　　　　　　　　　197

8.4.3　产品售卖　　　　　　　　　　　　　　　198

小红书

第 1 章

爆款笔记：
如何轻松打造爆款小红书账号

1.1 明确定位：找到正确的运营方向

我给 1000 多个小红书账号做过咨询服务，发现很多账号运营者要么完全不知道做什么，要么涨粉大几千还不知道如何赚钱。我想说的是，运营小红书最重要的一点，就是要以终为始做好定位。定位不清楚，可能一毛钱都赚不到，或者只能赚点辛苦钱。

什么是定位？著名的品牌学大师杰克·特劳特在《定位》一书中说："定位就是在潜在客户心智当中，做到与众不同。"但是我认为，这仅是营销上理解的定位。

小红书创始人瞿芳说过一句话："小红书是一座城市，有用的内容，将大家聚集在这座城市。"

解决定位问题不是一件容易的事情。做小红书需要想清楚两件事：一是价值交换；二是借助自媒体杠杆将原有业务或者价值放大。

1.1.1 个人定位：三招让你看上去更值钱

1. 始终围绕定位，以赚钱为目标做内容

·不着急，等我涨到 1 万个粉丝，再开始赚钱。

·等我先做出几个爆款，涨了粉，就能赚钱。

·做小红书完全是出于兴趣爱好，从没想过赚钱。

·我的流量很好，很多人给我点赞和留言，我认为这就是很好的定位。

如果你就是上述运营者中的一个，那就要认真阅读下面的内容了。

（1）以终为始，确定要做什么

《高效能人士的七个习惯》中说："在做任何事情之前，都先要认清方向，才不至于在追求目标的过程当中，发现梯子搭错了墙。"做好一个账号的首要前提是构思定位，然后再去实践。判断梯子是否搭在了正确的墙上，这样才能顺着成功的梯子往上爬。

首先，只有当你明确了自己的定位，所有的动作才会围绕这个定位展开，才会保证不返工、不走弯路。比如，笔者要解决的问题就是"让小红书创业者少走弯路"，或者是让企业在运营小红书过程中少走弯路。这背后的哲学就是：最快的速度是不返工，最快的进步是不退步。

其次，定位不是市场调研得来的，更不应该问客户怎么想，也不必去看竞争对手，而应该问自己。你从事这个行业、这项工作，肯定会有观点有想法，这才是最重要的。只要你觉得对，就要有这个自信，并且想办法让客户接受你的观点。

（2）价值交换，用什么来赚钱

这里的关键点在于：小红书是一个超级杠杆工具，借助它可将你原有的生意在互联网上放大。

比如你是一名美术老师，你的价值就是帮助别人解决画画问题。以前你花费一天时间只能帮助 2 个人解决问题，而通过小红书，你花费同样的时间能在互联网上帮助更多的人解决问题，你的价值被放大了，收入自然就会翻倍。

或者，原本的生意一个月盈利 10 万元，小红书帮你扩大了流量的开口，一个月盈利可能达到 100 万元。

再比如，你是一位博主，你可以去挖掘更多好产品，种草给粉丝，帮助商家做推广，赚取广告费。

赚钱的本质是价值交换。你有一个什么样的产品，去帮助某一类人解决了什么问题，他们为你提供的价值而买单，明白了这个点，就可以围绕定位输出内容。

2. 从广告出发，接到更多的广告

（1）预留广告位

一定要具备广告位思维，品牌在跟达人合作的时候，会在达人的图文或视频当中找到一个可以融入他们产品的地方，但很多人这方面的意识薄弱，导致即便吸引了几万粉丝关注却并没有接过一条广告。

具体怎么预留广告位呢？比如：

① 读书博主：很容易陷进"只拍书"的误区，其实拍书的同时还可以拍书架、书桌、电脑、台灯、家里的环境等，如图 1-1 所示。

图1-1　读书博主拍摄举例

② 美食博主：不要只拍食材本身，还可以拍锅碗瓢盆、厨房小家电、厨房好物合集等，如图 1-2 所示。

图1-2　美食博主拍摄举例

③ 街头探店博主：不要只展示买的过程，否则品牌想找你打广告也没办法把广告植入进去。比如，你今天吃的是很辣的火锅，那么就可以在视频结尾植入一款好喝的饮料。预留的广告位够多，广告收入才可观，如图 1-3 所示。

图1-3 街头探店博主拍摄举例

（2）注重质感

质感可以理解为一种风格，通过一篇篇笔记，让用户形成对你的专属记忆。

很多人刚开始做没有预算，会从低价开始，一味做单价低的内容，这样优质品牌方很难被你吸引。无论视频还是图文，优化内容价值的方法是一样的：提升内容质感。

比如，穿搭博主可以升级服装单价、场景、穿衣风格、视频清晰度，如图 1-4 所示。

在很多大牌，特别是奢侈品商家眼里，调性比数据更重要，前者是其安身立命之本。越是高级的品牌，越会选择和自己调性匹配的博主。相同粉丝量之下，视觉上看起来更高级的博主，获得的报价也会更高。

图1-4 穿搭博主拍摄举例

3. 真人出镜

现在做图文还可以吗？当然可以，小红书就是从图文起家的，但从账号价值上看，视频＞图文。

（1）视频更利于增加粉丝黏性

一个真人出镜的账号，和一个没有真人出镜的纯图文账号，你会对哪个印象更深刻？

一般来讲，有真人出镜的账号，可以打造独一无二的个人IP，你的声音、容貌、动作，都会增加粉丝的记忆度。粉丝喜欢的是你这个人，出镜的IP，其粉丝黏性会更强。

（2）视频更利于增加信任度

一个是老板亲自代言，一个是老板躲在背后钻研，哪一个更让消费者喜欢？

老板是最了解企业产品和业务的人，在传递信息方面，会比其他人更具知识和理解上的优势，沟通效率会更高，所以老板或者创始人做IP一定要亲自出镜，站出来为自己的产品代言。

1.1.2 定位差异：企业号与个人号该如何选择

小红书账号主要分为两类：

一类是个人号，没有标志，如图1-5（a）所示；

一类是企业号，有蓝V的标志，如图1-5（b）所示。

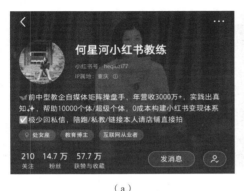　

（a）　　　　　　　　　　（b）

图1-5　何星河的个人号与企业号

有些人很纠结，到底是开个人号还是企业号呢？

答案是：运营目的决定你的选择。

如果是个体，想要分享生活、涨粉、打造个人品牌、通过流量赚钱，开通个人号就可以了；如果是公司和商家，想要宣传公司、传播品牌、获取客源，就得开通企业号。

1. 个人账号定位方向与特点

个人账号需要突出放大个人属性，一般往个人IP方向发展，比如故事类IP、知识类IP、人设类IP，如表1-1所示。

表1-1　个人账号定位方向与特点

个人IP方向	类 型 分 析	账 号 举 例
故事类IP	通过故事演绎输出价值观	毛光光
知识类IP	输出某一领域的知识，形成专家人设	都靓读书
人设类IP	不断强化标签，建立在粉丝心中的印象，便于顺利转化	麻省理工、清华妈妈、数学老师

个人账号需要着重关注赛道、标签、资格、专业，以IP本人为中心扩散信息。举几个代表性的例子，如表1-2所示。

表1-2　IP账号举例

账号	赛道	标签	一句话价值展示资格
何星河	自媒体	小红书教练、个人IP商业导师	4年深耕小红书，通过小红书帮助企业零成本做到年营收3000万+
小树老师教思维	数学思维	学而思特级教师	学而思脑科学实验室专家顾问，10年一线经验
职场教练Echo	职场	职场教练、20年HR经验	前美股上市公司首席人力官，累计面试上万人，已辅导上千人求职成功

2. 企业账号定位特点

企业账号的定位需要放大宣传产品的属性，包含用户人群、内容、账号风格、企业理念，它们是一个相互作用的整体。企业账号确定方向之后，就要沿着这个方向持续发力，如表1-3所示。

表1-3　企业账号定位特点

账号	品牌理念	内容风格	目标用户	账号人设
星河文化传媒	助力1000个创业者零成本构建小红书盈利体系	围绕小红书运营和自媒体口播知识	创业者、想要通过小红书获客和获得收入的公司和个体	专业老师形象
扫描全能王	提升效率神器	围绕自家App，以搞笑方式传播	职场人士等，所有需要用到扫描功能的人	自居史上最惨平台，搞笑鬼畜视频风
AYAKO日式美甲美睫	美甲美睫爱好者培训	围绕企业产品教学、学员采访、培训实地展示输出	对美甲感兴趣的人	企业形象更加权威

1.1.3　把握红利：在小红书掘金的人群

"2亿人的生活经验都在小红书"，这是冬奥会期间我们经常听到的一句广告语。平台数据表明，2023年小红书月活跃用户数高达2.6亿，70%以上是女性，50%以上来自一、二线城市，"90后"人群占比72%，这一连串数字都表明小红书的用户是一个以年轻女性为主的，具有高品位、高消费能力的人群。

我们来看小红书近10年的发展趋势，如图1-6所示。

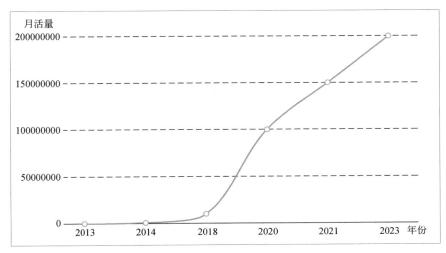

图1-6 小红书近10年发展趋势图

1. 第一类：副业个体

流量发生变化，总有人先嗅到味道。做副业的人就是最敏感的人，这些人纷纷涌入小红书。宝妈、大学生、职场人士……不少人第一篇笔记就是爆款，涨粉不少，很快就在小红书有了一席之地。我的学员盛洁，当她的粉丝仅有300多个的时候，就有商家找她打广告，如图1-7所示。

素人的成功，源于小红书去中心化的流量分发机制。这个机制对大小博主一视同仁，在内容质量相差不大的情况之下，大博主的数据和小博主的数据也差不多，这就会让商家做利益权衡。在预算有限情况

图1-7 学员收到合作邀请截图

下，商家宁愿多找一些收费低的小博主，这就给了更多小博主成长的机会。

2. 第二类：超级个体

过去我们大多数人都会依附在企业这个格子当中，职员、经理、总监、总经理……我们很在意自己的职位几年能升一级，但是今天你会发现，你所依附的行业或公司可能都不在了。

生活中有很多变数，很多不确定因素，但如果个体拥有技能，拥有造血能力，就有机会更好地活下去。

我的学员艺萱在珠宝饰品赛道，她做小红书是因为疫情期间压了10多万元的货卖不出去，还负债十几万元。她自己尝试做了一段时间，但吸引来的全都是同行。

7月找到我之后，我手把手教她拍摄要点和需要突出的优势，以及后期的运营方法。8月她的营收是23786元，9月达到53756元，12月提升到68000元（其中有半个月时间还受到了疫情影响）。她现在单月营收10万+非常轻松，并且还有几个B端客户与她合作，目前已经获得50万元投资！

据她反馈，每天都有源源不断的客户通过小红书成交。在刚开始的半年里，她每天回消息回到凌晨3点，根本忙不过来，她都在准备组建团队了……她也很开心自己能顺利转型线上，图1-8为艺萱的小红书账号截图。

图1-8　艺萱的账号截图

成为超级个体，找到自己的使命，知道自己能给社会提供什么样的价值，你会发现工作思路会变得很清晰，不用每天工作很长时间，只要使劲往自己喜欢的工作里钻就可以了。

很多工厂老板根本想不到，一条小红书短视频胜过100个销售，一个超级网红的一场直播抵得上一家普通上市公司一年的收入。在传统模式当中，想要实现这样的业绩，至少要千人团队才能办到，而在自媒体时代，一场直播，一个IP，加上四五个人就可以轻松完成，这就是超级个体的力量。

3. 第三类：企业和工作室或者有产品的人

首先，小红书正处在上升期，有一定的红利，这是有企业和产品的人最应该做的平台。月活跃用户2.6亿的小红书已经炙手可热。从2020年到2023年，小红书的用户增长非常快，可以说还有很大的增长空间。

其次，小红书用户几乎都是女性，所以这个平台的流量价值非常高（儿童＞女性＞老人＞宠物＞男性）。女性的消费水平越来越高，儿童的消费主导权也在女性手里，抓住女性用户，就抓住了主要消费群体。

最后，小红书的流量可以直接赚钱，中间等待的周期不会很长，因为企业和工作室老板的产品是现成的，业务模式也是成熟的，只需要以精准的内容找到精准的人群就可以立马成交。

如果你的目的是获取客源，吸引更多的流量入店，请一定要马上开始做小红书。

1.2　竞品分析：看够100个短视频再开始，会事半功倍

做好定位，先别急着开始，如果你希望自己发一条视频就能爆火，那多半会让你失望。真正有效的方法是立刻去找100个爆款视频学习。接下来，我会告诉你怎么看，怎么学。

1.2.1　看选题，确定拍什么好

大部分人对选题有一个误解，很容易抓住一个自己喜欢的选题去对标，而不去看这个选题背后的人是谁。

那些大博主和名人，随便发一篇笔记，只要内容稍有可取之处，数据就不会差到哪里去。有粉丝基础的人，普通人很难超越。

好的爆款选题可以做成一个系列，比如夏季穿搭系列、怀孕／备孕系列、职场面试系列。通过这个系列，能够持续吸引精准粉丝。

选题决定了一篇笔记80%的可能性能不能火。找好选题才能决定下一

步拍什么，平时应该抽时间刷刷小红书，将看到的爆款选题有意识地收藏起来。

1.2.2　看封面，小红书超级符号——大封面

小红书的封面至关重要，有效封面决定笔记会不会被点击。那么，如何将封面做得有吸引力，让人不由自主地想看呢？

1. 封面加上文案

文字可以传递给人更理性的信息，能够影响观看者的心智。吸引人的封面往往字体简单、醒目，字号很大，虽然封面缺少设计元素和美好的场景，但胜在文案精炼，适合干货类、知识类内容分享，如图1-9所示。

图1-9　封面加上文案

2. 文字加场景

就信息传播效果而言，文字加上场景就是王炸。相比较看文字，大脑接收图片刺激的能力更加强大，比如搞怪夸张的表情、开心或难过的瞬间、美妙得让人憧憬的场景，都能够刺激人的潜意识，引发联想，如图1-10所示。

这一类封面可以突显账号的人设和形象，传递更丰富的情绪，在达人的形象、表情、场景、造型上值得学习借鉴。

图1-10　文字加场景

3. 文字加设计感

这一类封面通常以固有的模板和风格调性持续加深粉丝印象，封面做起来省时省力，每次只需要调整文案就可以了。这种风格便于增加粉丝的黏性，在粉丝头脑中形成固定记忆，如图1-11所示。

图1-11　版式固定的笔记封面

爆款是重复的，封面也是重复的，重复的形象反复出现在粉丝眼前，就会成为你的超级符号。

1.2.3　看标题，写上地址的"待收包裹"

1. 放下身段到群众中去

个人号在写标题的时候容易陷入自己的情绪当中自嗨，而企业号在写标题的时候则容易端着，给人高高在上的感觉。好的标题一定是可以引起共鸣、戳中痛点、留足悬念，或是让用户觉得有所收获的。

2. 标题的三大功能

标题是文章的眼睛，决定着别人会不会阅读你的笔记，以及点击你的笔记的人群是否精准。标题有以下三大功能。

（1）吸引注意力

如何让别人在铺天盖地的信息当中注意到你呢？

心理学当中有一个"鸡尾酒会效应"。在嘈杂的鸡尾酒会上，如果有人叫你的名字，你总能快速注意到。用这个理论，你可以在标题当中多多地加入与"你"相关的元素，比如你的用户是减肥人群，那就可以多在标题当中加入诸如减肥、贪吃、减脂、100斤以下、瘦、你为什么瘦不下来等内容。

还有一种方法就是制造对比，比如展示减肥前与减肥后的对比，展示用护肤品前与用护肤品后的对比。对比的效果更加直观，比单纯的文字更有冲击力，如图1-12所示。

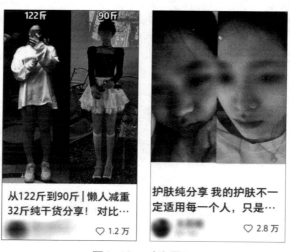

图1-12　对比展示

（2）筛选顾客

为什么说封面是写上地址的"待收包裹"呢？可以把小红书的标题看成快件上的地址，如果快件上的地址不清晰，系统就会把你的笔记发送给一些标签不清晰的人群。

（3）吸引阅读

如果你的封面加上了特定的关键词，比如减肥、买房、连衣裙、痘痘等，系统就会把你的笔记推送给相应的人群，那些点击笔记的人大概率是对你的话题感兴趣的。

1.2.4 看结构，掌握爆款节奏

结构怎么看？

1. 开头

开头决定用户要不要继续往下看，影响视频的完播率，所以开场一定要吸引人，构建一个熟悉的场景，用问题加以引导是很好用的方法。

（1）视频文案案例

孩子顶嘴？那就对了！

很多时候，父母会把孩子顶嘴当作不听话的表现，轻则口头镇压，重则武力解决，却从来没有认真想过，孩子到底为什么会顶嘴。

（2）案例分析

① 用"孩子顶嘴"，家长口头警告或武力镇压这一场景引起家长共鸣，非常有代入感。

② "孩子到底为什么会顶嘴？"这句话承上启下，引导用户继续看后面的内容。

2. 中间

首先，要逻辑清晰、善列提纲，很多人写文章容易出现逻辑混乱问题，写着写着就把自己写进去了，东一锤子西一棒子，感觉就是东拼西凑。列好提纲再动笔，这样就不至于跑偏，写作速度也会慢慢提升。

其次，中间的内容要充分给出价值、制造认同，吸引用户继续看下去。

（1）视频文案案例

1. 当一个人有才艺有闪光点的时候，这个人无形中就会给予身边的人一种闪闪发光的美。比如弹钢琴、跳舞、唱歌，舞台的聚光灯为你增色不少，

这种属于主角的美，绝对能让你的颜值也提升档次。

2. 最近的风水能量状态，也会影响当下的面相颜值。

你自信自爱，落落大方，心里有底气被爱，为变美付出实际行动，比如坚持运动、护肤化妆，这种美丽的磁场就会围绕在你身边，一定会让你积累沉淀，然后发生很大的变化。

（2）案例分析

文案先列好两个观点——"一个人有才艺有闪光点的时候，颜值会提升""最近的风水能量状态也会影响当下的面相颜值"，再依次举例，说明其中缘由，有理有据，条理清晰，有说服力。

3. 结尾

结尾总结升华，引导用户下单或产生互动行为，比如点赞、收藏、评论、关注、转发等。

（1）视频文案案例

学姐提醒大家千万不要相信"上了大学就轻松了"的毒鸡汤，想要去好学校，就得好好规划。祝大家都能成功上岸，去自己想去的大学留学。更多留学相关问题欢迎关注学姐哦！

（2）案例分析

① 结尾博主给出自己的建议，给人以真诚的感觉，也起到了总结升华的作用。

② "更多留学相关问题欢迎关注学姐"这是在引导大家关注和互动，简单直白，是常用话术。

小红书账号运营者平时要多对爆款文案进行拆解，学习爆款的结构和可取之处。

4. 文案经常使用的大结构

第一步，制造一个读者熟悉的问题，取得关注。多用口语、多用"你"，不过于书面化，充分发挥自然语言的作用。

第二步，顺着对方的意愿来解释问题发生的原因，赢得对方信任。

第三步，夹带私货，给出自己的观点和对策。由于前面环节的铺垫，此时比较容易引发读者认同。

（1）一个完整爆款视频文案案例

你知道吗，好孩子不是逼出来的，而是家长套路出来的！

用这5句话夸孩子，他会在你真诚的套路下变得越来越优秀。我干了10年的心理教育工作，用这5句话改变了很多学生，建议先点个红心收藏起来，不然容易忘。

第1句："哎呀，你说得太好了，继续往下说。"

很多家长都说孩子内向、胆小、害羞，这句话能让孩子变得自信，让他跟你特别亲。

第2句："哇，这些字写得好认真啊，你看这些字没有一个写出格的。"

这是在夸态度。

第3句："做得太好了，这个事儿这么难，你都没有放弃，其实我知道很多同学都没坚持下来，所以妈妈觉得你特别棒。"

这是在夸毅力。

第4句："妈妈特别喜欢你整理的书桌和房间，比我整理得还要好。"

这是在夸习惯，从小让孩子养成做事有条理的习惯，会让他受益终生。

第5句："你一直在努力，现在进步了，妈妈特别开心。"

这是在夸努力，让孩子明白只有努力才有结果。

各位家长记住了吗？想知道更多亲子沟通技巧，欢迎来琪姐的直播间。

（2）案例分析

①"好孩子不是逼出来的，而是家长套路出来的！"开头犀利的观点一下就抓住了人的眼球，再加上"用这5句话夸孩子，他会在你真诚的套路下变得越来越优秀"直接点出效果，指明"夸孩子"能够带来的好处，吸引人继续看下去。

②"我干了10年的心理教育工作，用这5句话改变了很多学生"夹带私货，体现自己能提供的服务。

③整篇文案通俗易懂口语化，多用"你"，显得更加亲切，拉近了与用户的距离，文案条理清楚，用5句话分别论述，代入感强，有很高的价值感。

④ 开头结尾都布局引导动作"收藏""欢迎来琪姐的直播间"。

1.2.5 看评论区，下一条爆款的诞生区

外行看热闹，内行看门道，爆款短视频的评论区有很多爆点元素，如果你认真分析就会发现为什么这篇笔记会火，用户的注意力在哪里，还有哪些点会火。认真研究评论区，可能会挖出很多"宝藏"。

1. 看评论区爆点

首先，评论区的高赞评论就是大家关注的点，也就是这篇笔记的爆点。其次，一些高赞用户还未被满足的留言，就可以成为一篇爆款的灵感源泉，如图 1-13 所示。

2. 看账号人设黏性

在评论区如果粉丝对 IP 本人讨论较多，说明此人受到粉丝的喜欢，粉丝的归属性强，黏性较强，可以进一步拆解用户喜欢的原因。

3. 学习互动技巧

热闹的评论区会让笔记越来越爆！积极与粉丝互动的账号，会比高冷的账号更容易获得粉丝的喜爱。一些账号会在评论区和粉丝玩梗，将评论区炒得越来越热，如图 1-14 所示。

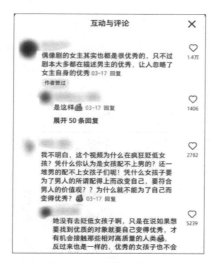

图 1-13　高赞评论举例

图 1-14　互动型评论区举例

1.3　爆款笔记：爆款不一定高盈利，低粉高盈利才香

做完竞品分析，接下来就要真刀实枪地干起来了。你也许会发现一个现象：你的那些万赞爆款虽然数据非常好看，却没有客户找你，而一些账号粉丝极少，客户却很多，这是什么原因呢？

1.3.1　为什么粉丝没你多的账号，盈利却比你高？

1. 两个误区

首先，很多人认为账号一定要做到几十万粉丝、几百万粉丝，有了大量粉丝才可以顺其自然地赚钱，但其实，不是非得涨了粉丝之后才开始赚钱，可以一边涨粉一边赚钱。

互联网世界瞬息万变，如果先涨粉再赚钱，粉丝不在你的掌控之下，他属于平台，随时都有可能被平台收回，所以要尽可能地尽快将粉丝转化，甚至沉淀到私域，以便于随时触达。

其次，不是粉丝少就盈利少。这也是绝大部分人的一个误区，以为粉丝多就一定能赚得盆满钵满，但实际上，几十万粉丝的博主可能还没有几千粉丝的博主赚得多。

曾有一个坐拥 50 万粉丝的大 V 找到我，向我咨询如何能赚钱，他当时每个月的收入几千元到几万元不等，很不稳定。我有一个学员是做美容业的，线上粉丝才几名，她在线下也有门店，找到我学习之后，第一篇笔记就赚了 1.2 万元。这样一对比就可以看出，不是粉丝少就赚得少，低粉也可以高盈利，核心是让流量和成交同时发生。

2. 不做爆款也可以高盈利

为什么几千赞的爆款还没有几十赞的笔记赚得多呢？有两点至关重要。

（1）有产品

这一点需要相对来看，小红书博主普遍靠接广告赚钱，如果这个月找你

的广告主多，就可以多收入广告费；找你的广告主少，收入就会变少；而自己有产品的，只要你的流量够大，想卖多少都可以。

（2）单价高

有些赛道的产品单价很高，如果市场需求量大、流量也大，自然可以做到高营收。这一类行业有很多，比如医美、留学、身心能量、房产、大健康等。

1.3.2　流量快速承接，低粉高盈利

相同的赛道和产品，不同的运营承接速度，会影响到整体销售吗？当然会！你好不容易做出一篇爆款，却没有做好流量承接，白白让流量流失，就非常可惜。

1. 做好运营维护

首先，用户的注意力转瞬即逝。读屏时代，我们每天接收的信息既多且杂，好不容易把用户的注意力吸引过来，如果没有及时加深用户对你的印象，慢慢地，他就会淡化对你的认识。所以，要及时回复用户的评论和私信，让他第一时间就可以找到你，这是销售的最佳时机。

其次，运营人员要有一定的灵活度。用户、平台都是在不断变化的，行业也是在不断变化的，变化的东西都是不确定的。

可能我们搭建好的流量承接方式是 A，突然有一天发生某一件事，它就会变成 B，而这一切需要运营人员有足够的敏感度和灵活度，及时发现问题，及时解决问题。

2. 后端快速承接

流量、销售、交付是一个闭环，如图1-15所示。

在三者两相交接之处，处理得越流畅，业务就会越顺畅。所以，流量来了，销售端要快速承接，非常专业地服务于客户，解决客户的问题。后端搭建得越完善，承接过程越流畅，反应速度越快，最终的效果就越好。

图1-15　闭环示意图

1.3.3 每一篇爆款笔记都是绝佳机会

那是不是从一开始就要追求精准的粉丝呢？德鲁克有一句话："人们总是高估了一年所取得的成绩，而大大低估了30年、50年的积累所能取得的结果。"应该把每一篇笔记都当成绝佳机会，在还没有客户的时候就做好铺垫。

1. 提升账号权重

对一个新号运营者来说，当你的账号权重还不够高的时候，要尽可能地向观众展示，你是可以通过这个账号为平台创造价值的。

首先，尽可能做爆款笔记，获得更多的推荐曝光，让自己的爆款笔记展示在更多人面前，笔记越爆，标签打得就越快。

其次，布局搜索展示排名，小红书有70%以上的人会通过搜索选择自己想看的内容，这是很大的一个流量入口，所以要尽可能在文案当中布局关键词，以便在用户搜索的时候，你的笔记可以更快地展示在他面前，如图1-16所示。

2. 给账号打标签

图1-16 搜索页面截图

要尽可能多地给账号打上标签，这样系统才能将你的账号内容推荐给精准客户。比如你是做减肥的，那你的账号标签就可以是减肥相关内容，如图1-17所示。

图1-17 账号标签（话题）示例

当你不停地给自己的账号贴上标签，最终被吸引过来的就是对这些内容感兴趣的人。

3. 测试用户画像和喜好

我们不停地发布笔记，不停地给账号叠加标签，这就是一个不断调研用户需求的过程。

"不要给客户想要的，而要给客户需要的。"有时候潜意识和意识是相背离、不相关的，唯一可以相信的，就是用户的行为！

比如，一个人回答你的问题，他不是为你回答问题，他是在为自己回答问题，他在做自己的印象管理，管理他在你以及在其他人心中的印象。

再比如，一个东西好不好看，low 不 low，那不是他要表达的主要内容，这也不会影响他的其他消费行为，而是他希望你认为他是一个品位高雅的人。在一个会议当中，你问你老板一个设计好不好，老板思来想去说的话，也是为了向在场的所有人证明自己。同理，互联网上传播的内容，很多人会觉得 low，但为什么还是有那么多人喜欢？

所以，我们不停地发布笔记，就是用不同的形式、风格和内容来测试用户更喜好哪些内容，最后再去放大那些内容！

不停地测试发布内容，就会积累一些原始数据，就能看到有哪些人对你的内容感兴趣、他们的年龄结构、居住地、平时喜欢的内容……把每一篇笔记都当成测试用户的机会！不断积累，你对客户的积累就会越来越细致和精准。

1.3.4　把握用户画像，你不需要吸引所有人

如果你什么都要，那最终可能什么都得不到。很多人虽然知道"垂直"这个概念，但对这个概念的理解却不够深刻。

1. 正确理解"垂直"

"垂直"大体可以分为人群垂直和内容垂直，垂直方向取决于运营目的。

（1）人群垂直。比如宝妈、学生党、减脂人群，都是以人群为划分标准的，我们以宝妈为例：

作为宝妈，她有很多需求。首先，她作为一位妈妈，对育儿方面的内容

有需求，如图1-18（a）所示；其次，她是一个女人，所以她对美妆、穿搭、减小肚子等内容有需求，如图1-18（b）所示；她有可能还是一个职场人士，所以对职场办公相关内容也有需求，如图1-18（c）所示。

（a）　　　　　　　　（b）　　　　　　　　（c）

图1-18　宝妈需求举例

你能说这些都不垂直了吗？当然不是。根据人群发散内容，其实就是垂直于某一部分有需求的用户。

（2）内容垂直。比如国学、雅思托福老师、做自媒体的老师，这些都是以内容来划分的。也就是说，持续深耕这些内容，虽然吸引来的人群各不相同，但肯定都是对这类内容感兴趣的。这种内容类型更加适用于低粉成交。

2. 博主和商家的不同基础打法

（1）作为博主和网红，如果没有自己的产品，那就要依靠流量赚钱，只要大方向垂直就可以，比如搞笑类博主，如图1-19（a）所示；美妆博主，如图1-19（b）所示；穿搭博主，如图1-19（c）所示。选题广泛，吸引更多人关注自己，不断增加粉丝，这些就是与商家谈判定价的基本筹码。

（2）作为企业和商家，更多的是想要获取客源、销售产品，只要垂直于自己业务之下的某个产品、某项服务，用精准内容吸引精准客户，就能做到低粉成交。还有一类个体——超级个体，本质上也是有一个自己的产品，垂直于自己的业务，去获取精准粉丝。

（a）　　　　　　（b）　　　　　　（c）

图1-19　各类博主举例

1.4　拍摄剪辑低成本，快速出片，全流程精讲

　　除了内容文案，拍摄剪辑也会对短视频传播效果产生极大影响。有些人总是纠结用手机还是买相机等专业设备，还有些人觉得拍摄剪辑太费时间，并且拍起来也很尴尬，最终的拍摄效果也不是很好。这一节就从拍摄、打光、剪辑展开讲解短视频拍摄相关内容。

1.4.1　不需要专业相机，也能轻松拍出大片质感

　　用手机拍摄，还是用单反拍摄？刚接触新媒体的新手很难做出抉择。相机拍摄的优势是画质好、有景深效果，但设备费用比较高。头部博主用的是昂贵的设备，但是贵就一定适合你吗？

　　如果是初创团队和刚入门的普通创作者，像素较高的手机就可以满足拍摄要求。画质较好的智能手机，搭配一款好的拍摄软件，效果不输专业设备。

1. 设备

智能手机和相机的优缺点，如表1-4所示。

表1-4　智能手机和相机优缺点对比

设备类型	优　　点	缺　　点
智能手机	1. 便于携带，不笨重 2. 操作简单易上手 3. 成本极低，几乎人手一台 4. 适合预算有限的初学者、小团队	功能有限，画质中等
相机	1. 拍摄功能更齐全、更专业 2. 画质优	操作复杂，携带不方便

2. 拍摄

首先学会找最佳角度。我们平常在生活中拍照都习惯性地找角度，拍短视频也一样，一定要学会找到最佳角度。什么是最佳角度？就是最能够呈现拍摄主体的角度。

如果要展示更多的美丽风景，就可以尝试全景拍摄，如图1-20（a）所示；如果要展示舞蹈、健身类内容，让人物身材更修长，就可以选择仰拍，如图1-20（b）所示；如果是知识类博主，就可以正面拍摄，如图1-20（c）所示。

（a）　　　　　　　　　　（b）　　　　　　　　　　（c）

图1-20　拍摄举例

（1）拍摄软件的选择

市面上有很多手机拍摄软件，我刚开始拍摄的时候也试用过不少软件。建议大家多多尝试，找到适合自己的手机软件，这里给大家分享比较常用的"美颜相机"和"轻颜相机"，如图 1-21 所示。

图1-21　美颜相机（左）和轻颜相机（右）拍摄效果示例

（2）手机参数的设置

你也许会发现，自己拍出来的视频没有别人拍出来的有质感，甚至拍摄过程极不自然。我在刚开始拍摄时也是这样，这大多是因为拍摄参数没有设置好，也没有使用辅助拍摄工具。

手机拍摄建议画面分辨率设置为 1080px，因为像素越高，上传到自媒体平台被压缩得越厉害。尽量把自己的视频控制在一个合理的范围内，既不会被过于压缩，视频的质感也不会差。

以轻颜相机为例，拍摄画面比例可以调整为 9：16 或者 3：4，如图 1-22（a）所示，将景深背景虚化效果按钮打开，如图 1-22（b）所示。

（3）最后就是拍摄辅助工具了，比如可以运用专业的提词软件，保证在拍摄过程中不忘词。

（4）拍摄前的准备工作

① 对着镜子或者手机自拍，找到适合自己的最佳方法。

（a）　　　　　　　　　　（b）

图1-22　参数设置

② 提前熟读文案，练习加上感情、语气、声调，抑扬顿挫，要让观众觉得你很自信，从而被你打动。

③ 在拍摄之前调整状态，让自己兴奋起来，就好像马上要见到朋友，可以读读稿子、开开嗓子，或者发一下气泡音、喝点热水润润喉咙。

④ 为了延续已经调整好的状态，可以多准备几个脚本，一次性拍完。

⑤ 尽量带妆拍摄，服装、化妆、道具符合自己的人设。

⑥ 找一个封闭安静的环境，确保没有回音和其他干扰。

⑦ 如果是口播博主，人物主体占据画面1/3左右为宜。

⑧ 调整相机的对焦状态，用手指在人脸上点击一下会聚焦脸部，让视频清晰不少。

拍摄完成之后要及时审核视频，查看视频是否保存，收音效果是否良好，画面和人物是否符合自己的预期。

以口播博主为例，我总结了一个拍摄公式：

你是谁＋你在哪里＋什么状态＋什么语气、肢体语言＋想要对谁说＋说什么＋期望达到什么目的，如图1-23所示。

举例说明：何星河＋在家里＋放松的状态＋笃定自信的语气、自然手势动作＋对想在小红书上赚钱的人说＋小红书赚钱的 3 种方法＋期望达到专业的小红书教练人设目的。

3. 稳定器

如何让画面更稳定？只需要买 1 ～ 2 个支架。

如果你需要在户外站着拍，就要用到可以伸缩的三脚架，有 1.5 ～ 1.8 米的长度选择。有时我在户外会站着拍、坐着拍，我就会带上这个三脚架（很好用，唯一的缺点就是有点重），如图 1-24 所示。

图1-23　口播博主视频截图

图1-24　拍摄用到的三脚架

如果想要轻便的支架，建议买一个八爪鱼支架。

比如我要出去见一个客户、喝一杯咖啡，看到一个背景想要拍摄，就可以立马拿出八爪鱼支架。这个支架放在女生的包包里也很方便，可以随意弯曲，调整高度，如图 1-25 所示。

4. 收音设备

如果在户外，现场难免有噪音或杂音，可以使用麦克风。可网上选购大家常用的收音设备品牌，比如罗德无线或有线收音器。

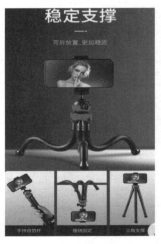

图1-25　八爪鱼支架

1.4.2　打光：简单又清晰的光线，拉升画面质感

光线分为自然光和人造光，不同时段应选择不同光线。

1. 白天利用自然光

要避开中午的太阳光，充分利用早上和傍晚的
阳光。我尝试过在很多时间段拍摄，发现早上和傍
晚的太阳光线是最柔和的，人面对着窗户，站在一
米远的距离拍摄，让阳光洒在面部，会显得人的光
感特别自然，如图1-26所示。

2. 夜晚利用打光灯

晚上光线相对暗沉，需要补光。

怎么补光？需要用到一些人造光，比如可以做
一个专业的摄影棚，拍摄主体左右各放一个打光
灯；还可以买那种经济实惠的圆形补光灯，将手机

图1-26　面对窗户拍摄
的人物

放在圆环中间，正对着人物主体，这样拍出来的效果看起来比较舒适，肤色
均匀，如图1-27所示。

图1-27　摄影棚展示（左）和手机拍摄展示（右）

1.4.3　剪辑：无剪辑不后期，10分钟成片优化指南

一个爆款短视频的背后，一定少不了优秀的剪辑。一般短视频拍摄完

成后，需要对拍摄的画面进行优化，以提升视频的专业度，吸引更多人观看。

1. 视频剪辑思维

（1）剪辑节奏感

高手与小白之间的差距往往就在于此，新手如果在初学阶段能够稍微学学剪辑节奏，就会和其他人拉开很大距离。

节奏指的是镜头之间的自然过渡和顺畅衔接。新手在剪辑的时候常会遇到素材不够的情况，这就需要找到合适的素材来匹配当前的文案，让画面跟着文案走，同时还要注意选择合适的音效。

下面是一些有用的剪辑小技巧：

① 镜头要衔接自然，两个镜头之间的连接处如果有别的内容，一定要剪掉，否则影响效果。

② 画面切换要自然，不能过于突然或拖沓，两个场景之间的过渡应使用淡出淡入来衔接。

③ 一般来讲，一个镜头的长度在3秒左右比较合适。

④ 音乐有烘托氛围的效果，声音和画面的贴合会让视频更有感染力。

（2）视频剪辑软件

一般小团队和普通创作者使用手机App剪辑就完全可以满足需求。

① 粗剪。粗剪能够删除多余的气口、重复的内容，让视频更加紧凑，节奏更快，增加用户的观看时长。以剪映App为例，操作方法如下：

·导入原素材。

·调整画幅，检查视频比例是否为3∶4或9∶16，如图1-28（a）所示。

·调整速度，避免过快或过慢。这个操作在一开始就要做，如果等到切割后再调整速度，会浪费时间，如图1-28（b）所示。

·一键添加字幕，去掉无效片段。点击"文字"，选择"识别字幕"，勾选掉重复停顿的地方，点击"删除"，如图1-28（c）所示。

（a）　　　　　　　　（b）　　　　　　　　（c）

图1-28　剪映粗剪操作

② 精剪。精剪可以让整个视频更加美观顺畅。每个人对于视频质量的要求不同，精简程度也不一样，一般来讲精剪包含以下内容：

·处理气口、停顿。有气口、停顿的地方没有剪掉，可将白线放在文字处选中点击分割。

·调整字体颜色、大小。选中文字轨道，点击"编辑"，选择喜欢的样式。

·添加花字。选中文字轨道，点击"编辑"，点击"花字"，选择喜欢的花字。

·添加音效。点击"音频"，选择"音效"，搜索各种音效，如图 1-29（a）所示。

·添加素材。点击"画中画"，选择"新增画中画"，导入素材。

·添加特效。点击"特效"，选择"画面特效"或者"人物特效"。

·添加音乐。点击"音频"，选择"音乐"，搜索各种好听的音乐。

·添加转场。点击白色转场指示框，挑选合适的转场效果，如图 1-29（b）所示。

·添加滤镜。点击"滤镜"，挑选符合视频的滤镜。

·最后"导出"。选择对应的参数，将视频保存到相册，如图 1-29（c）所示。

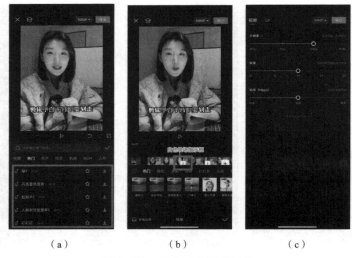

（a） （b） （c）

图1-29 剪映部分精剪操作

2. 作图工具

在小红书中，图文笔记占据很大比例。小红书高赞图文的特点是美观、清晰、优质。如何高效产出优质的图片呢？你需要借助以下3个工具。

（1）稿定设计 App

适合大信息量的模板套用，图文并茂。其部分功能列举如下。

① 创建画布。点击"新建画布"，选择"小红书配图"自定义尺寸，如图 1-30（a）所示。

② 调整背景。点击"背景"，选择喜欢的背景颜色，如图 1-30（b）所示。

③ 调整文字。点击"文字"，挑选喜欢的字体样式，如图 1-30（c）所示。

④ 添加素材。点击"加图"，上传相册里的素材图片。

（2）醒图 App

可以用来做封面。做好封面之后保存模板，下次可以一键套用，省时省力。其部分操作如下。

① 导入图片。添加自己的封面图。

② 添加字体。点击"文字"，从"字体模板"或者"字体"里选择字体。

③ 更改字体颜色。点击"样式"，选择"字色"，挑选自己喜欢的颜色。

④ 更改字体版式。点击"花字"，众多字体模板可供选择。

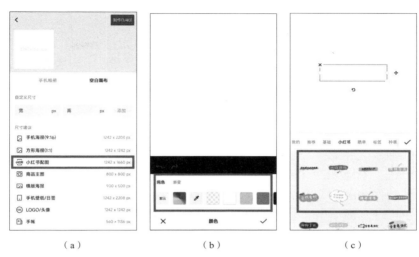

（a） （b） （c）

图1-30 稿定设计部分功能

⑤ 更改字体粗细。点击"粗斜体"，可以选择字体的粗细。

⑥ 添加字体阴影。点击"阴影"，勾选颜色后，可依次调整阴影的"透明度""模糊度""距离""角度"，如图1-31（a）所示。

⑦ 添加字体背景。点击"背景"，可以选择背景颜色和透明度。

⑧ 调整行间距。点击"排列"，可依次调整"对齐方式""字间距"和"行间距"，如图1-31（b）所示。

⑨ 一键套用封面。做好封面，点击右上角"存为模板"，下次就可以在"模板"处一键套用，如图1-31（c）所示。

（a） （b） （c）

图1-31 醒图部分功能

（3）黄油相机 App

高颜值的图片产出神器，它是以图片加上文字为特色的图片编辑工具，有很多好用的功能，比如：

① 图片调整。可以对图片进行裁剪处理，添加白边，还可以自定义滤镜，调出自己想要的感觉，如图 1-32（a）所示。

② 一键P图。有很多图片模板，套用模板之后，普通的照片也能变成大片，如图 1-32（b）所示。

③ 制作 plog。超多 plog 模板，只需要替换自己的照片，就可以做出专属 plog 图，如图 1-32（c）所示。

④ 添加装饰线条、贴纸，配上文字，让图片瞬间变得文艺。

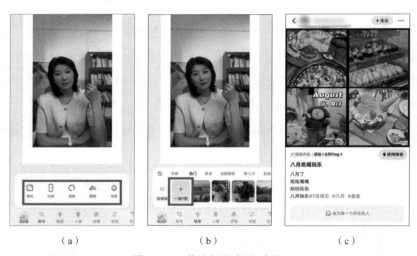

（a）　　　　　　　　（b）　　　　　　　　（c）

图1-32　黄油相机部分功能

个人定位：
小红书定位与账号搭建

2.1　新手容易陷入的四大误区

"三流的人卖产品，一流的人卖标准。"我们无论做什么事情，都不能一味跟着别人走，看别人怎么做我们就怎么做。新手运营过程中，应尽量避免陷入以下四个误区。

2.1.1　误区一：过度追求粉丝量

小 A 在辞职之后，看到小红书上很多账号动不动就几十万、几百万粉丝，再一看视频的制作难度也不大，他就想为什么自己不开一个试试呢。

说干就干，他做了一个 "80 后" 主题回忆垂直账号，短短一个月粉丝数竟然突破 10 万。于是他继续勤奋更新，只用 3 个月就做到了 30 万粉丝。他想，有这么多粉丝，是不是就可以赚钱了呢？

于是他开始找亲朋好友，真人出镜拍视频，时间、人力、物力搭进去不少，结果账号不但停止涨粉，而且一带货就掉粉，最终以失败而告终。问题出在哪里？

问题就出在，虽然他获得了几十万粉丝，但那些都是泛粉，他们是冲着账号里的搞笑视频来的，现在小 A 要卖东西给他们，他们怎么可能买呢？泛粉们不但不会买他的东西，甚至还有人骂他割韭菜。

所以，不要一味追求粉丝量，在真金白银面前，它只是一个可以用来吹嘘的数字。

2.1.2　误区二：盲目跟风

我接触过这样一位咨询者：

我问他：你现在赚钱了吗？

他说：没有。

我继续问他：那你为什么做现在这个账号定位呢？

他说：因为我看到别人都这么做。

我又问他：那你看到的那个人他赚钱了吗？

他说：他的粉丝量那么多、账号点赞数那么多，应该赚钱了吧。

我反问他：你去了解过吗？

他说：没有。

看到这个地方，我相信你和我一样，一定会觉得这件事特别不靠谱，其实绝大部分人和他一样，总是很盲目地跟着别人做，被表面现象迷惑，而没有深入思考这件事情可以给什么人带来怎样的价值。

所以定位是自己定的，不是通过市场调研得来的，也不是从客户那里问来的，更不应该看竞争对手。总有人一直纠结于这件事情应该怎么干，其实如何与别人发生价值交换才是最重要的。如果你觉得自己是对的，就要有这个自信，想办法让你的客户愿意与你进行价值交换。

2.1.3 误区三：没有人设

为什么很多人的账号内容垂直，其内容所涉及的行业也有成功的盈利模式，但就是无法赚钱呢？一个重要的原因就是没有人设。图2-1所示的是一个风景欣赏号。

这种账号发布的内容都是在网上找风景素材，伪原创而成。大家只会为了秀丽的风景而点赞，喜欢的是风景图，对该账号背后的人是无感的，账号的实际价值并不大，很难盈利。

那么，什么样的账号最值钱？

答案就是有人设的账号最值钱，做得好了，还可以持续赚钱。

图2-1 风景号截图

也就是说，粉丝认可和喜欢的是你这个人本身，跟你卖什么产品无关。这样的人设，无论走到哪里，营收都不会差。

罗永浩曾经欠债6亿元，他转战直播间侃侃而谈，带货赚钱还债，喜欢他的粉丝就会支持他，造就了后来的一场"真还传"！像这一类还有很多，比如以下5种类型的人设。

（1）颜值型。这类博主有着极好的气质和极高的颜值，可以毫不费力地吸引大量粉丝关注。博主们常会发一些穿搭视频、日常生活工作视频、美妆视频，吸引大量粉丝，从而得到广告主的青睐，如图2-2（a）所示。

（2）娱乐明星、社会知名人士。他们本身具有知名度和曝光度，有粉丝基础。他们的镜头表现力和表演能力会对一般人形成降维打击，天生就有人设，如图2-2（b）所示。

（3）知识型。他们通常可以很专业地解决某些问题，提供非常实用的帮助，他们的视频内容可以戳中一些人的痛点。这类人也会拥有大量粉丝，如图2-2（c）所示。

（4）创意型。他们拥有独特的思维和创意，可以制作出引人注目的内容，吸引大量粉丝关注，从而轻松获得不错的广告收益，创意型文案如图2-2（d）所示。

（5）情感型。这一类人的内容充满了温情，且掺杂一部分知识，能够直击人心，通常会引起一部分人的强烈共鸣，还能为这一部分人解决一些实际问题，情感型文案如图2-2（e）所示。

（a）　　　　　　　　（b）

图2-2　人设账号截图

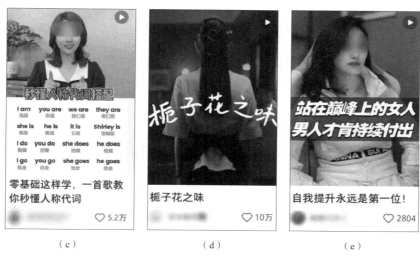

图2-2 人设账号截图（续）

2.1.4 误区四：定位一成不变

很多人做好定位之后，就会死磕到底，这样做不一定对。

首先，有些人做好定位之后，账号始终做不起来，如果是因为内容不合适，没有掌握获得流量的基本逻辑，那么只要调整内容呈现方式就好。但对有些人来讲，可能他就不适合当前的定位，在错误的道路上努力，只会加速失败。

其次，定位不是一成不变的，只有极少数人能够按照最初规划的定位拿到一个不错的结果，恐怕99%的人都是在试错的过程中不断调整定位，让自己的定位逐渐清晰明确。

很多人在打造IP过程中会遇到瓶颈，很多人的赛道同质化非常严重，尤其是在做到一定程度之后，如果直接转型，那原来积累的几十万粉丝就会全部浪费，岂不是非常可惜？

针对这种情况，最恰当的处理方式是做模式创新，也就是尝试变更为"原IP+X"的模式。

比如，以前是做理发的，本身有理论基础和实操技能，现在可以叠加设计师美学培训。

再比如，以前是教文案写作的，现在可以在这个基础之上升级为视频脚本创作。

不要盯着一个领域不放，账号定位并非一成不变。

2.2 横向定位，定位定心定江山

《大学》里讲："知止而后有定，定而后能静，静而后能安，安而后能虑，虑而后能得。"定位能安心，心定了就不会这山望着那山高，就会距离目标越来越近！

向我咨询问题的人一般有如下几种。

第一种，想做小红书，不仅会美容、理财，还有多年瑜伽经验，觉得自己几方面都能做，但半年下来一篇笔记都没发。

第二种，热衷于在自媒体平台分享自己的生活和经验，但分享的内容不聚焦，今天分享美食打卡，明天分享旅游打卡，后天分享陪伴孩子的时光。

第三种，企业主或企业员工，有自己的产品或服务，每天只会发产品图，推广产品或服务，做了几个月也没什么反响。

总结起来，这几类人的共同点是没有确切的定位。定位非常关键，它决定了内容产出方向、账号人设，最终决定了能否赚钱，以及赚钱的多少。

2.2.1 明确商业定位

著名管理大师彼得·德鲁克说过："利润是检验企业经营水平的唯一标准。"你为什么要做一个自媒体账号？回到我们做账号最本质的原因：想要商业化运作，持续盈利。

实际上，绝大多数人做小红书越做越焦虑，看着别人赚钱，陷入自我怀疑的状态。这都是因为商业思维没有转变过来，或者说，一开始就偷了懒，没有想好自己的盈利模型。

小红书普遍的盈利方式就是接广告，这也就导致了很多人就只会靠接广告赚钱，他们没有从宏观角度来规划自己的商业定位，一开始就把自己限制到一个框架之中了。其实除了接广告，小红书还有很多种赚钱方式。

所以，在做自媒体之前，一定要想好自己的营收模式！每个自媒体人都必须做自己的产品经理，你要想清楚自己有什么产品，哪怕你暂时没有，也要时刻有开发"产品"的意识，因为没有"产品"就无法赚钱！常见产品及营收模式，如表2-1所示。

表2-1 常见产品及营收模式

产 品	营 收 模 式
平台广告	博主接广告
课程产品	做私教和训练营
咨询类产品	做付费咨询
实体产品	引流售卖
社群圈子的产品	做付费社群
线下门店	线上引流到线下成交
加盟招商	吸引C端客户+加盟商

1. 平台广告

广告报价与博主的粉丝量、用户的精准度有关，或者你的账号看起来具备商业价值，就会有商家找你打广告，由此构成"博主亲身体验—发布体验笔记种草—用户完成拔草"的消费闭环。

2. 课程产品

根据用户的痛点和需求开发一门课，进行批量转化和服务，这一类主要是私教和训练营。从引流课到正价课都要设计好，才能将一个客户的价值挖掘得透彻。

3. 咨询类产品

属于知识付费范畴，不管你在哪个行业领域，只要做得时间够长，积累了相关的经验，就可以做到轻量级的交付使用——付费咨询。要知道，"我们的用户，正是 3～5 年前的我们自己。"

4. 实体产品

如果你有自己的稳定货源，那么就需要选择一个能够不断获取流量的平台，比如小红书。不管是在平台上直接售卖，还是引流到第三方平台（淘宝、京东、微信）都可以。

5. 社群圈子的产品

这个适合有一定资源的人。可以整合周围有价值的人、事、物，做成付费社群、读书社群、投资群、生意群、艺术圈层等。

6. 线下门店

适合线下有门店服务，需要引导到线下来消费的人，比如美容整形、餐饮、理发等。

7. 加盟招商

通过优质内容，不仅可以吸引 C 端客户，还能吸引加盟商。

2.2.2　明确人群定位

只有做好了商业定位，才能顺理成章地找到自己的用户，知道自己想要服务于哪类人。把人群定下来，才能做到知己知彼，营收才会更加顺畅。

1. 你的用户是谁?

孙子说："知己知彼，百战不殆。"如果对敌我双方的情况都能了解透彻，打起仗来就可以立于不败之地。

如果说商业定位解决的是你可以（应当）提供什么内容的问题，那么用户定位就是要解决你为谁提供内容的问题，如图 2-3 所示。

（1）何星河老师。其用户定位是企业、实体商家、想要以小红书作为副业、打造 IP 的人群，为他们提供个人品牌咨询、自媒体获客的产品和服务，解决他们没有流量、不会引流、不会赚钱的问题。

（2）少儿美术老师。其用户定位是 6～12 岁正在学习或者打算学习美术的孩子，为他们提供线上课程，解决他们不会画画的问题。

图2-3　账号简介截图

（3）减脂教练。其用户定位是 30 岁以上女性，为她们提供关于健身减脂方面的线上咨询和系统化陪跑服务。

（4）HR 职场教练。其用户定位是 20 岁以上职场女性，为她们提供系统化课程，解决她们找不到工作、不会面试等问题。

（5）家居装修设计师。其用户定位是想要装修的人，为他们提供装修咨询、设计服务，解决他们不会装修等问题。

一定要搞清楚，你的视频到底是给谁看的，他们对什么感兴趣，他们会不会喜欢你的内容。只有搞清楚你的服务对象，你的内容才会更有针对性。

任何人都不能把所有的用户作为自己的服务对象，也不可能向一个用户提供所有的产品和服务。人群定位要解决的就是，在所有的产品和服务当中，应该将哪一种／哪几类作为重点。

2. 用户画像真的非常精准吗？

用户画像永远不可能百分百精准，我们只能尽量精准地预判，至于精准到什么程度，取决于我们对目标客户的了解程度。

我们需要根据用户画像去策划内容，这就是一个限制，最起码我们的视频要有明确的受众，制作好符合用户画像的内容也只是第一步，因为把内容推送给谁，我们自己说了不算，平台的算法说了算。

算法根据账号标签、内容标签和普通用户的用户标签去推送内容，其底层逻辑是把对的内容匹配给对的人。我们上传的作品越多、上热门的次数越多，算法识别账号内容数据的次数就越多，算法就越了解你的内容会被什么人群喜欢。如果你的内容方向不发生改变，在下一次分发的时候，肯定会比上一次更精准。

你的文章不是写给所有人看的，你想吸引谁，你就写给谁看。"弱水三千，只取一瓢饮。"这个句子很美，也很有道理。

2.2.3 明确内容定位和形式

没有清晰定位的文案，内容上就会左右摆动，而我们要做的就是不断地调整内容重点，让发布的内容明确定位，直击用户痛点。

1. 给用户需要的

华与华咨询公司董事长华杉说过一句话，"不要给用户想要的，而要给客户需要的"。用户想要的东西很多，而运营者就是要将用户需要的从想要的当中提炼出来！

用户喜欢什么样的内容，就会给相应的内容点赞、关注、收藏，而运营者只要牢牢把握用户喜欢的点，根据用户喜好的点去创作内容，就能够正中用户下怀。

我的学员李梦有 3 年瑜伽教学经验，她在线下的瑜伽馆当老师。这样专业的人，在小红书分享内容笔记只有几十个赞，如图 2-4（a）所示。

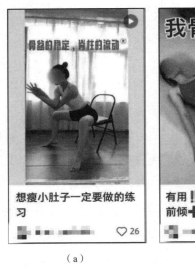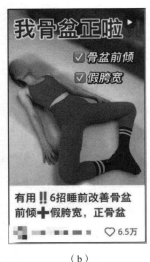

（a） （b）

图2-4 学员学习前后对比

我带她做了定位，重新确定了内容方向，之后她发出去的笔记，好几条都是万赞爆款，如图 2-4（b）所示。用户看到了自己真正想要的内容，就会用实际行动告诉你！

2. 表现形式

很多人问我："我觉得自己小红书做得很不错，内容有价值，为什么做不起来？"答案很可能就是你的内容明明更适合抖音的形式，却偏偏发在了小红书上。

选对平台很重要。平台有很多，比如公众号、抖音、快手、小红书、今日头条、视频号、B 站等。

同样，不同平台的内容形式也不一样，有图文、音频、短视频、中视频等。

小红书主要有两类内容呈现形式，如表 2-2 所示。

表2-2 小红书内容呈现形式

类型	优点	劣势
图文	图文制作简单，方便用户查看，更适合展示复杂的信息	不太容易打造个人IP，转粉率低
视频	相比较几十秒的短视频，小红书更适合发布中视频，也就是时长1~3分钟的视频，这个长度可以讲透一个知识点，转粉率高	拍摄剪辑制作成本相对较高

3. 内容风格

在自媒体平台上，独特的内容风格和有辨识度较高的人设，不仅可以吸引更多粉丝，还能为品牌建设和商业合作带来更多机会。

那么，如何打造吸粉的人设呢？

（1）突显个性／特点

在自媒体领域脱颖而出的关键在于个性和独特。通过不同的视角和呈现方式，或者以独特的风格吸引目标用户注意力，找到 IP 本身的特点，并加以放大和强调，与作者本人融合为一，这样才能达到自然的效果。一旦明确了自己的定位，就应在发布的内容中不断强调自身的独特之处。

（2）品牌建设

在自媒体平台上，人设的塑造也涉及品牌建设。需要制定一套独特的内容发布方式，例如个性的文案、独特的拍摄方法等，将个性、独特性和品牌标签融合在一起，从而树立自己的品牌形象。

要找到适合自己的形式，同时让自己具备差异化。比如赵小黎这位博主，将自己与艺术融为一体，肆意挥洒的作画风格让网友百看不厌。

2019年，赵小黎在自媒体平台发布了她用口红作画的视频，这是她的首秀。她第一个走红的作品拍的是从垃圾堆捡来的一个高脚凳，经过她改造和上色之后焕然一新，这个视频很快收获了上万点赞。在赵小黎的视频作品中，她经常变废为宝，在捡来的旧窗户、旧吉他、烧水壶、梳妆盒上作画，相比较其他的绘画老师，她的绘画风格给人一种狂野不羁的感觉，如图2-5所示。

图2-5　赵小黎笔记截图

她绘画时肆意挥洒颜料，毫不在意是否弄脏了衣服。她凭借冷艳的形象和浓墨重彩的作品，迅速走红网络。

她是全网第一个走这种路线的博主。后面很多博主模仿她，都不被粉丝认可，还会被说抄袭，因为赵小黎已经将自己的人物风格深深植入了大众的心智当中。

当我们所在的市场已经不是蓝海，就要把自己削尖，用一个区别于其他人的点，去占领用户心智。

2.3　纵向定位，找到定位的具体方法

做自媒体，定位对了，就成功了一半。

经常有人对我说：老师，我想做小红书。

我问：你想好做哪个方向了吗？

对方：我想做穿搭、健身、美妆。

我问：这3个，哪一个你最喜欢呢？

对方：都还可以。

我问：哪一个是你最擅长的？

对方：都一般般。

你是不是也觉得上面的对话不可思议？很多人对自己的认知不到位，对平台也知之甚少，所以会感觉定位很难。

也许你还会有以下一些困扰：

·经常付费学习，感觉学了很多，想挑一个出来定位，又不知道选什么好。

·经验丰富，履历亮眼，总觉得很多方向自己都能做，但是真要你挑一个出来做透，又不知道选什么。

·正在面临转型和拓展，觉得无从下手。

·已经有了自己的知识产品或者课程，但不知道如何借助自媒体的力量放大自己的影响力和价值。

如果你正处在以上某一种情况，那么大概率是卡在了定位上！我们最应该关注的是自己，这决定了你接下来的精力和时间要投放到哪些地方，决定了你将以什么样的姿态来面对大众。

2.3.1 定位探索期：深度剖析自己

首先，定位不是看别人做什么你就做什么，而是应该深度挖掘自身的潜能。很多人喜欢跟着别人做，岂不知别人能做成功是因为具备相应的条件、积累了资源，甚至有一定的天赋。

如果说横向定位需要考虑得足够"宽"，那么纵向定位就要考虑得足够"深"。"深"包含了两个点：

第1个点，决定你是否可以找到一个基本合格的定位，我称之为"定位的探索期"。

第2个点，决定你是否能够长期做下去，我称之为"定位的加固期"。

那么在定位探索期，怎么去找自己的定位？

有两种方法可以帮助新手在这个阶段找到自己的精准定位。

方法一：成就事件提炼法

这个方法就是，梳理3～5件人生中让你觉得有成就感的事情，然后看看在这些事情发生过程中，你表现出来的具体能力和天赋，哪些是多次重复出现的。

梳理黄金清单Ａ：首先，拿出一张白纸放在左边，你可以回忆一下在你的职场生活、家庭生活中，有没有做过一些让自己非常满意、自豪的事，把它们写下来，如图2-6所示。

图2-6　成就事件提炼步骤

然后再来看一看这些关键词是否有重叠的部分，这些重叠的部分就是你的能力圈。

深度了解自己并不容易。你或许可以寻求其他人对你的评价反馈。

梳理黄金清单 B：你可以打电话问一下你的朋友、领导、同事以及合作伙伴，真诚邀请他们给你一些反馈。你问问他们，过去你做的哪一件事情让他们觉得特别佩服或欣赏，记录在一张纸上，就是你的黄金清单 B！

每个人都有自己的盲区，通过他人对自己的客观评价，你也许会收集到一些自己发现不了的闪光点。

在心理学上有一个著名的模型叫"乔哈里窗"。这个模型告诉我们，每个人都有自己的认知盲区，我们打电话向朋友求助、向专家求助，就是缩小认知盲区的一种方法，如图 2-7 所示。

	我知道的事	我不知道的事
他人知道的事	公开	盲点
他人不知道的事	隐私	潜能

图2-7 认知盲区

这些闪光点大家不要想得非常宏大，它可能蕴藏在一些小事当中，如表 2-3 所示。

表2-3 成就事件举例

类别	成就事件类型
工作	在对外谈判的时候，总能够解决别人不能解决的问题
	你的PPT做得非常有创意
	时间观念很强，工作效率很高
	在同事当中很幽默，有你在永远不会冷场
生活	对新鲜的事物特别好奇，能够主动创新，拥抱变化
	穿衣服很好看，个子很高，审美不错

以上这些都可以看作成就事件，你需要把它们挖掘出来，然后萃取其中的核心能力，例如 PPT 制作能力、时间管理能力、沟通协调能力、创新能力、审美能力、写作能力、情绪管理能力等。

很多时候并不是你没有优势，而是你没有发现自己的优势。你已经拥有了某项技能，只是你觉得这项技能很平常，你没有意识到这就是你的竞争力。

在心理学上有一个观点叫知识的诅咒：我们一旦拥有了某种知识，就没有办法想象不了解这些知识会发生什么，我们的知识"诅咒"了我们。

那些你认为非常普通的技能，可能很多人都不知道，并且愿意付费去了解它，也就是说，你可以借助这项技能赚钱。

也许已经有人在做这项技能的付费传播，你算不得第一名，但你也有一定的空间去教会一些不具备这项技能的人，或者去帮助这项技能比较弱的人强化这项技能。

现在，你已经拿到了自己的两张"黄金清单"，请你把两张表并列放置，然后再找到这两张表里共有的内容做成一张新表，它是你的"黄金清单 X"。

方法二：兴趣交叉分析法

找到你最喜欢的、最擅长的、可持续的事情，通过交叉法，获得其中得分最高的点！

首先找到你喜欢的事情，然后从喜欢的事情里找到擅长的事情，最后深耕一下可持续性。给自己综合打分，如表 2-4 所示。

表2-4　综合打分表

优势	你喜欢	你擅长	可持续	综合打分
健身				
做美食				
××				
××				
××				

1. 找到你喜欢的事情

我们可以按照图 2-8 的提示寻找自己喜欢的事情。

图2-8 寻找喜欢的事情

（1）从兴趣爱好出发：想一想你对什么事情比较感兴趣，一聊到这件事情你就充满热情；想一想你平时会在什么事情上花很多时间，或者在什么事情上花很多钱。

（2）从专业技能出发：会化妆、会做 PPT、会考试、会养生、会减肥、会画画……

（3）从工作出发：你是一个律师、摄影师、HR、运营管理者、英语老师、形象穿搭顾问……

（4）从个人资源出发：自己有产品，有人脉，知道某个行业的内幕，有一些渠道资源，等等。

2. 找到你擅长的事情

很多人喜欢做的事情特别多，想要做的事情也很多，这个时候就需要梳理出哪些是擅长的事情，因为只有当你真正地喜欢做一件事，并且擅长做这件事，你才能够持续不断地产生热爱，才会克服一切困难，将这件事情持续做下去。

3. 可持续输出

因为做账号是一件需要长期坚持的事，不是你发了 10 篇、30 篇就不发了，要发几百篇、几千篇，所以一定要考虑可持续性，如图 2-9 所示。

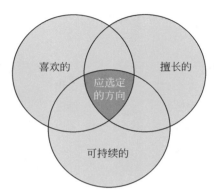

图2-9　选定方向示意图

通过以上 3 步，找到 3 类中间重叠的部分。你可以给自己整体打分，筛选出一个基本合格的定位，如表 2-5 所示。

表2-5　综合打分表示例

优势	喜欢的	擅长的	可持续的	综合打分
健身	5	3	1	9
做美食	6	4	5	15
会化妆	3	1	2	6
会搭配衣服	4	2	2	8
会拍照	5	6	6	17

2.3.2　定位加固期：形成用户思维

无论在哪个平台做自媒体，都需要持续输出优质内容。如何持续不断地产出内容呢？

首先，每个人在早期都需要经历刻意的主动输出阶段。在这个阶段，你完全是从自己的角度阐述内容，基于个人看法和感受创作内容。

随着时间的推移，你输出的内容会得到用户的验证。他们会与你互动，并提出对内容的要求。你也会对平台的规则和机制有更深入的了解，从而逐渐减少以"我觉得"为中心的思维方式，而更加注重从用户角度出发的内容输出。在这个阶段，你的用户思维初步形成。

其次，你将更加理解如何从用户角度输出内容，了解他们感兴趣的内容，抓住他们关注的重点。你会更加关注用户的感受，思考使用什么样的表达方式让他们更喜欢。在这个阶段，你会深刻感知到，不同的人表达同一个内容，效果也会完全不同。

最后，随着继续深入接触用户群体，你将获得源源不断的用户反馈和灵感，从而产生新的内容。你将逐渐展现"从群众中来，到群众中去"的状态，与用户之间的联系也会更加紧密。你会发现，一个行业永远不缺灵感，永远没有写完的时候，只要有人存在，就会有新内容源源不断地产生。

自媒体创作是一个持续学习和成长的过程，你会在时间的推移中不断调整和改进你的目标和定位。

2.4 完善账号定位，根据定位搭建账号主页

你有没有经历过有很多人点赞，却没有人关注的时刻？

为什么你觉得内容很好，别人却不关注你？原因很简单，因为粉丝关注你的理由不够。

为什么要搭建账号主页呢？因为主页相当于一张名片，传递着你给别人的第一印象，告诉别人你是谁，你可以给谁带来什么样的价值，而其最大的价值就是给粉丝提供一个关注你的理由。

就跟你在线下开店，店铺的招牌非常重要一样。

首先，一个优质的账号想要快速涨粉，主页设计是第一步，也是极为重要的一步。账号主页搭建好了，整体的风格也就确定了。

昵称、头像、简介、背景图是账号主页的重要元素，也是小红书的门面。

很多人的主页都是随便写一写，因为他们完全没有意识到账号主页的重要性，而其实账号主页的定位，即粉丝关注你的理由。

既然是一个线下的招牌门面，店铺总该陈列有商品吧。哪些店铺会吸引

你进店呢？我们以服装店为例，如果你平常的穿衣风格很甜美，那么甜美多彩的服装一定会吸引你，甚至还会让你产生购买行为，成为忠实客户。

不同的账号风格会吸引不同的人关注。而你的账号风格也是要直指一个核心，那就是定位。围绕着账号定位，你的风格可以是清冷的，可爱的，有质感的，如图2-10所示。

图2-10 账号风格截图

2.4.1 涨粉四件套

1. 头像

一个有设计感又符合账号定位的头像，无疑是加分项。账号头像是给人的第一印象，一定要让它符合自己的账号风格，让账号变得有温度和吸引力，千万不可以随便找一张图。

选择账号头像有哪些注意事项呢？我们来看表2-6。

表2-6 账号头像选择注意点

类型	注意点
IP账号	最好以人为焦点，用自己的正面人像照，或者侧面半身照作为头像，这样便于用户在不点开头像的情况下就能够看清它
	不管是自己的真实照片还是其他图片，头像都要符合自己的定位风格

续表

类型	注　意　点
品牌账号	以企业的商标图案或者品牌名为头像，更加权威，更有说服力
	头像整体要整洁，让人产生好感，切忌让用户感觉不适，如果用户很反感就会拒绝关注

一般来讲，真人照片的效果＞卡通头像或者logo＞网图＞动植物等非人物图片。

比如你是一个做美妆的小姐姐，那么你的账户放一张非常正式的职业照作头像就不太合适，因为没有展现出你的行业特性，如图2-11所示。

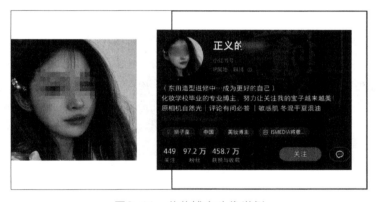

图2-11　美妆博主头像举例

在选择头像时最常见的错误包括以下5种：

（1）以背景图、风景图、随拍图为头像，毫无亮点。

（2）用卡通图片作头像，显得非常不专业不真诚。除非是动漫或者宠物账号，才可以用卡通图像作为头像。

（3）虽然用了人物头像，但图片背景融为一体，失去焦点。

（4）图片模糊不清，没有质感。

（5）用产品或者二维码作头像。用二维码作头像，各个平台都会判定违规；用产品作头像，会让用户觉得你的目的性很强，一下就能联想到你是在打广告，从而心生反感。

2. 简介

如果你同时刷到了3个瑜伽账号，分别是：

A 账号：什么都没写；

B 账号：一个专注分享瑜伽经验的老师，爱生活、爱美食、爱旅游；

C 账号：5 年瑜伽教练带过 1000 人，专注打造蜜桃臀。

你会更愿意关注哪一个呢？我相信绝大部分人的回答肯定是 C 账号，为什么呢？

简介就是给自己打广告，你可以告诉别人，你能够提供什么价值，给别人一个关注你的理由。

要想写好简介，表 2-7 所示的这几个问题必须想清楚。

表2-7　写简介之前需要思考的问题

问题	表达的内容
你是谁	讲清楚你是什么身份，什么行业，做出了什么成绩
你到底是做什么的	说清楚你要做什么，你有什么样的业务和产品
你可以给粉丝带来什么样的价值	写明白粉丝关注你的理由，比如你可以给他们带来穿搭经验，教授美术知识，或者教会他们唱歌，等等
你的作品今后会产出哪些内容	职场穿搭、钢琴教学、留学经验分享等

写好简介的 5 个规范要求：

（1）第 1 句话表达你的定位，你是谁，你有什么样的成就；第 2 句话表达可以为别人提供的价值；第 3 句话表达自己的价值观。

（2）3 句话要通俗易懂，让小白也能够看懂。

（3）一定要体现你的独特性和差异化。比如其他博主可能做全身减脂，你只是打造蜜桃臀，这就是差异化。

（4）不要写得太多，90 字以内即可，因为小红书规定不得超过 100 字。

（5）本地商家注意增加自己的业务信息，比如城市位置。

如图 2-12 所示，就是一个好的简介。

图2-12　一个好的简介示例

3. 昵称

什么样的昵称比较好呢？答案是简单 + 好记！

昵称应具备的 6 个要点：

（1）让用户在第一时间了解到你是做什么的。

（2）有辨识度，独一无二，让人耳目一新。

（3）让用户在短时间内记住你。

（4）让用户在第一时间知道从你这里能得到什么。

（5）简短好记，朗朗上口，比如毛毛姐、李子柒。

（6）好写，便于搜索，避免生僻字、多音字、英文或字母数字符号。

可以按照以下公式来设计昵称：

· 昵称 + 身份：×× 美术老师

· 昵称 + 定位：×× 聊育儿

· 昵称 + 行业：×× 健身

4. 顶部头图

顶部头图就相当于你的广告位，它能够加持个人人设，帮助强化简介里无法体现的个人高光时刻。若顶部头图是企业品牌标识或产品展示，则可以更好地彰显企业实力。如图 2-13 所示。

图2-13　顶部头图举例

2.4.2　封面装修"超级符号"

1. 一眼明了"超级符号"

能够让人一眼看到重点，你的关注率就会大大提高！所以封面文字一定要大、醒目、直接，文字传递的信息刺激的是人的意识，而有场景、有想象的图片则会刺激人的潜意识。二者叠加就会发挥让人想象不到的威力，甚至都不用看文字，光看图就会让人产生点击的欲望。比如一些悲伤的表情，有氛围感的图片等，如图 2-14 所示。

图2-14　"一眼明了"的笔记截图

最后，为什么将公众人物、明星的照片放在封面，你的流量就会更好呢？

因为这类人物早已在用户心里形成固定印象，成为特有的超级符号。你只需借鉴过来，把它融入自己的封面，就有可能获得更大的流量，如图 2-15 所示。

2. 整洁美观

整洁美观的小红书封面更吸引人。笔记的场景要符合笔记的重点，比如你是母婴博主，封面就一定要展现母婴用品、孩子；你是读书博主，那封面最好与学习、书籍有关。

封面设计一定要做到以下几点：

（1）图片清晰度高，不模糊；

（2）与笔记的主题相关联；

图2-15　明星封面图

（3）画面美观，有重点，不杂乱；

（4）醒目，要直击眼球。

3. 封面尺寸

小红书笔记平台推荐尺寸有3种：竖屏3：4，横屏4：3，正方形1：1。其中，最佳图片封面比例是3：4，尺寸1242×1660px。

（1）第1种类型：一张图，如图2-16所示。

（2）第2种类型：多图拼接，如图2-17所示。使用具有主题风格一致的真实场景图，在规则或者非规则的布局方式之下进行拼接，至少保证有2张以上的图片。这种展示形式能够确保画风整齐统一，视觉冲击力极强。

图2-16　单图封面

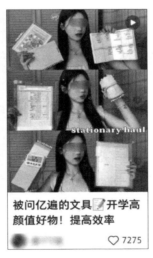

图2-17　多图拼接封面

（3）第3种类型：抠图优化型。这种类型封面图通常采用人物或者实物的抠图制作贴纸，并与背景图相结合，从而提升画面的整体层次感，展现独特的艺术风格，如图2-18所示。

图2-18　抠图优化举例

一个好的账号主页可以更好地引导粉丝关注。门面做好了，"留客"更简单！

小红书

第 3 章

心动文案：
高赞小红书内容怎么写

3.1 小红书易火的内容，其文案有何特点？

文案是笔记最重要的一环，在小红书平台，很多用户看完文案就会被种草。文案怎么写才能吸引人？本章就来说说小红书文案写作技巧。

3.1.1 太阳底下没有新鲜事

《圣经》里有一句非常著名的话："太阳底下没有新鲜事。"

这句话是什么意思呢？

这句话告诉我们，现在正在发生的、将来还会发生的事情，在过去就已经发生过，有些"规律"无法避免地会反复出现。

很多人在做小红书的过程当中，总觉得自己要做的跟其他人不一样，其实所有事情都只是在循环而已，可能物质会有新的创造，但是"创造物质"这个行为本身是在不断重复的。

创意就是旧元素的新组合，排列组合就是创新。

当然我的意思不是让你抄袭，本质上是新瓶装老酒。

什么是新瓶装老酒呢？新瓶装老酒指的是今天你所遇到的事情，在将来可能以不同形式再次出现。

明星离婚的新闻、明星出轨的八卦以及其他令人震惊的事件，都可以成为你创作的新素材。然而，这些事情背后的逻辑、你的观点和想法往往会有许多相似之处。不管你是写文章还是写剧本，写作背后的逻辑都是相同的。此外，爆款选题往往也是固定的，即使你每天接触不同的案例和故事，可能你本身的观点也会有 5% ～ 10% 的重复。作为创作者，当你持续不断地输出时，选题重复是不可避免的。

3.1.2 故事共鸣，引发用户代入感

1.引发共鸣，情景带入

在自媒体上，你可能经常会看到这些能够让你不由自主看下去的文案。

（1）很多博主经常这样来问我，为什么认真做的内容还没有随手一发的好？

（2）一样学美妆博主，为什么你的皮肤上粉是粉、毛孔是毛孔，出门不到两个小时就成了"东非大裂谷"。

（3）孩子一生气就喜欢打人，你是不是在第一时间就跑过去和孩子说……

以上就是能够引发共鸣的情景文案，也是特别常见的句式。

有些人可能会发现，这些方案的共性是关联了熟悉的事物。

心理学上的"鸡尾酒会效应"告诉我们，人对自己熟悉的东西格外敏感。这就是为什么我们的文案当中，一定要刻意制造读者熟悉的问题，让读者感觉到你的文章和他有关系。具体方法分3步，如图3-1所示。

图3-1 共鸣带入方法步骤

视频文案举例：

不要再跟孩子说"上课要认真听讲"了，早上送孩子去学校，家长都会嘱咐这句话。

其实这是一句正确的废话，因为你说得太笼统了，孩子不知道该怎么做。

我做了3年家庭教育，改变了上千名孩子，先点赞收藏，一定要听下去！

你应该说，"老师讲课的时候，你看着老师"；"老师写字的时候呢，你看着

他写的字"；"老师提问的时候，你赶快举手"；"老师敲黑板的时候，你赶快记笔记"。

最后别忘了鼓励孩子："我相信你一定能做到。"

案例分析：

① "不要再跟孩子说'上课要认真听讲'了。"这句话点出了用户都熟悉的问题。

② "其实这是一句正确的废话，因为你说得太笼统了，孩子不知道该怎么做。"这句话解释为什么会这样说。

③ "我做了3年家庭教育，改变了上千名孩子。"这句话就是夹带私货，暗示自己可以提供的服务是"家庭教育咨询"，然后接着给出自己的观点。

2. 讲故事 SCQA 模型

为什么希腊神话、中国古代神话几千年还在流传？因为爱听故事是人的天性。

你可能觉得这个方法太简单了，但实际上方法虽然简单却非常有效，因为千百年来我们就是这么讲故事的！

故事举例：

远古时代，四根擎天大柱倾倒，九州大地裂毁，天不能覆盖大地，大地无法承载万物，大火蔓延不熄，洪水泛滥不止。

在这种情况下，女娲冶炼五色石来修补苍天，砍断海中巨鳌的脚来做撑起四方的天柱，杀死黑龙来拯救冀州，用芦灰堆积起来堵住了洪水。天空被修补了，天地四方的柱子重新竖立起来了，洪水退去，中原大地恢复了平静。

女娲背靠大地、怀抱青天，让春天温暖、夏天炽热、秋天肃杀、冬天寒冷。从此天地就永久牢固了。

故事主要包含时间、地点、人物、环境、起因等，这些要素不一定全部包含，但一定要保证故事的完整性和可读性。在故事的结尾要告诉用户，这个故事说明了一个什么道理，为什么要这么做。因为你要刺激用户的动机。

这个时候你就要用到 SCQA 模型。

SCQA 模型是由麦肯锡咨询顾问芭芭拉·明托提出的结构化表达工具，对于写文案是一个实用的工具，如表 3-1 所示。

表3-1 SCQA模型描述

S	Situation 情景或场景	先描述一个大家比较熟悉的事实或场景作为引入点，这个事实或场景往往跟大家息息相关，或者是一直以来的痛点、需求点
C	Complication 冲突	指出上面场景中的实际情况和我们的需求有一些矛盾或冲突，而这些冲突亟待解决
Q	Question 引出问题	面对上述矛盾和冲突，到底该如何解决呢？抛出这个问题
A	Answer 答案或解决方案	遇到这种冲突怎么办？给出的方案，就是你的产品或服务，用以解决上述矛盾和冲突

SCQA框架首先形成了良好的沟通氛围，接着带出冲突和疑问，最后提供切实可行的解决方案。以上4个要素还可以组合出其他形式。这个模型不仅经常被大神级人物套用，对于新手来说，利用它也能更有逻辑地去表达。

比如下面这2篇文章就是典型的SCQA模型。

（1）案例1

昨天在我的画室，有一个三岁孩子的妈妈对我说，老师你看我的孩子，他在那儿画得也不像，你可以教教我的孩子怎么画吗？

我告诉她，孩子那么小我是不能教的。她疑惑地问我，你们都不教，那我送孩子来干什么呀？我告诉她……

（2）案例2

同事当着领导的面甩锅给你，如果你回答"这事不是我在负责呀"，那么你就是在疯狂地掉印象分，你知道吗？

甩锅这事，我上周又经历了一把。甩锅实际上是职场永远绕不开的话题，今天就来手把手教你如何反击同事甩锅，尤其是涉世未深的职场小白，或者面对突发情况时，大脑一片空白，完全不知道怎么为自己说话的，一定得好好学，以后照着做，再没人敢欺负你。

3.1.3 观点升华，价值认同

有些文案点赞数很高，但转发量很少，其中很大一部分原因是文案结尾写得不好，也就是虎头蛇尾。

如何写好结尾呢？可以用以下3种方法，如表3-2所示。

表3-2 写好结尾的3种方法

方法	说 明	案 例
总结判断	总结文案核心观点，提炼价值； 对于文案当中的现象和问题给出明确的态度和判断，激发用户的认同感	最后，希望大家都能找到适合自己的学习方法，主动地去总结模板、发散思维； 学习很苦，所以我们才要在学习过程中不断激励自己，这3点请你试着坚持一个月，相信你一定能看到改变，甚至实现逆袭
升华共情	提炼成简洁精辟的句子，总结升华整篇文案； 可以使用金句式结尾，金句短小精悍、朗朗上口，是全篇文章的精华，更能调动情绪，引发读者共鸣； 金句可以自己总结，也可以使用名人名言	人性的本质是慕强，只有当你自己很强的时候，喜欢你、爱你的人才会不请自来； 承认自己的价值，不再被别人的情绪所绑架，也能够给别人提供相应的情绪价值。一个人踮起脚尖看向太阳的时候，全世界都挡不住她的阳光
引发互动	写文案的时候可以主动制造话题，从而增加文案的点赞和互动	好了，一个人独居的时候，你最害怕什么呢？ 评论区告诉我，期待你的分享

只用一部手机，人人都可以成为移动的自媒体平台。艺术家安迪·沃霍尔说过，"每个人都能出名15分钟"，每个人都可以在自媒体平台发声，现在依然是一个内容为王的时代。大渠道已经分散为小渠道，当小渠道越来越多的时候，考验的就是内容质量，谁的内容足够好，谁就能够吸引到更多的人。

也就是说，小红书的核心价值在于"有用"，即真正为用户提供价值或者解决问题。

但小红书的爆文并不需要华丽的辞藻，只需要思路清晰、观点明确、富有价值，人人都可以写出爆文。

3.2 提高视频完播率的六大经典开头

当你看着一条短视频傻笑的时候，有没有想过这条视频爆火背后的逻辑？

为什么传统的广告片没人看？因为它习惯采用空镜头，留白画面的调性和普通人的生活离得比较远，有种疏离感。

短视频时代，人们只关注感兴趣的、与自己有关的内容，并且耐心有限。用户关掉视频的成本太低了，所以在自媒体平台的文案要有冲突、情绪、快节奏，才能够留住用户。

很多人不知道怎么写第一段文案。都说好的文章是龙头、猪肚、豹尾，同样的，写好一个短视频文案的开头至关重要！那怎么写呢？

写好开头的核心就是种下期待"因子"，先有期待，才会有观看。

如果一个用户能看完视频的前10秒，他大概率会看完整条视频，所以冲突、情绪、故事高潮和重点都应该尽量往前放。

3.2.1　设置悬念

· 我离婚了，但我很高兴。

· 一门99块钱的课程，我竟然卖了1000万元！

· 连续3年拿下全公司的销售冠军，我到底做对了什么？

悬念式的开头就是预判读者对某个信息感兴趣，直接抛出问题，然后故意卖关子，引起作者的好奇心。

电影的悬念感是怎么制造的？往往就是通过剪辑制造出来的。写文章也一样，通过对材料的选取、对材料顺序的调整，就可以制造出悬念。

（1）经典案例

买得起300万元的车，但住不起月租3000元的房。

（2）文案分析

制造悬念：为什么"买得起300万元的车"却住不起"月租3000元的房"呢？给人迫切想要看下去的欲望。

（3）经典句式

① 他从月薪3000元到年薪百万，就只做对了这件事……

② 我是如何用1篇文章赚到10万元的？

③ 从140斤到80斤，我到底经历了什么？

3.2.2　强调专业

你讲了一个干货满满、非常专业、具有颠覆性的观点，并且觉得自己讲得非常好，满怀期待地发出去，结果数据平平！虽然你很专业，但是别人不懂。

互联网上那么多优秀作者，为什么别人要听你讲？有没有给用户一个认可你的理由？开头需要摆专业 + 讲观点。

（1）经典案例

托福 116，作为教了 6 年英语的托福老师，学语言，我是有点天赋的。今天分享 8 部美剧，让你无痛提升英语水平。

（2）文案分析

"托福 116""教了 6 年英语"都是在展现自己的英语实力，也是给别人一个听他分享的理由。

（3）经典句式

① 我做了 10 年美术老师，我带过 10000 名学生……

② 作为 9 年情感分析师，今天告诉你一个……

③ 我干了 10 年心理教育，用这 5 句话改变了上千名学生……

3.2.3　经历相同

人类有一个共性，就是更多地关注自己，更少地关注别人，所以要去挖掘读者最感兴趣的是什么。换种说法，你要去寻找人性中的共同主题，或者说人们生活经历的共同话题。如果能从亲身经历出发，再加上个人感受，就容易引起共鸣。

（1）经典案例

我最近在想，大部分人过得不开心的原因究竟是什么。

前两天我回了趟家，我爷爷见到我，他关心地问了我两个问题。第一个是，你有没有在赚钱。说实话，如果是我爸妈问我，我会非常生气，因为别人催我赚钱和我自己想赚钱根本不是一码事。第二个是，你有没有找对象。他让我找对象一定要找个本地人。我爷爷真正能用的肺只剩了1/4，再加上他前段时间得了病，他的身体一下子就垮了。他已经在面对生死问题了，还在关心我赚没赚钱，这件事情让我非常难受，我感觉很悲凉……

（2）文案分析

① "过得不开心" 是很多人都会有的问题，这就是共性。

② 描述 "爷爷" 的询问，"赚钱" 和 "找对象" 也都能引起大部分人的共鸣，爷爷关心的事会让很多用户联想到自身，通过场景化的描述更有画面感，吸引人看下去。

（3）经典句式

① 你有没有和我一样，有时候也会觉得……

② 我有一个朋友……

3.2.4　击打痛点

痛点的核心是需求、恐惧、失去、成本，痛点提问法就是直接在场景当中戳中用户痛点。用户真的感觉到痛了，他就会去寻找解决办法！

· 你做小红书的方向不对，就算有 10 万粉也很难赚钱。

· 买房地段选不对，那么你未来至少亏 50 万元！

· 你早上起床总是被口气和牙龈发炎纠缠，怎么办？

细心的读者可能已经发现，"你" 这个词很有指向性，会让用户瞬间代入自己，继续看下去。

（1）经典案例

你是不是小腹突出、侧腰赘肉？今天教你一个站立瘦下腹的姿势，坚持1 周，帮你甩掉多余的脂肪、紧实小腹，赶紧跟我练起来！

（2）文案分析

"小腹突出" "侧腰赘肉" 本身就是很多人的痛点，再用 "1 个姿势" "1 周见效" 提出解决办法，给人一种轻松就能改善痛点的美好期望，让人迫不及待想看下去。

（3）经典句式

① 脸上总是爆痘、红肿、瘙痒？ 3个步骤教你解决痘痘肌。

② 为什么你的朋友能力没你强，却混得比你好？

③ 你全心全意对别人好，为什么别人就是不领情？

3.2.5　稀缺价值

欲要卖米饭，先制造饥饿感。

在文案创作中，如果想让用户对你的内容感兴趣，首先需要引起对方的兴趣，制造一种用户不知道，却又想知道的东西，即塑造价值。

（1）经典案例

跟你揭秘一个在互联网上赚钱最快的方法！接下来的几分钟呢，不是所有人都能听懂，但如果你听懂了，可以节约至少两年时间和30万元。今天的内容非常长，信息量爆棚，你最好多看几遍。

（2）文案分析

"互联网上赚钱最快的方法"，这句话听起来就让人心痒痒，绝大部分人都想知道，到底什么是赚钱最快的方法。

"听懂能节约至少2年时间和30万元"这是典型的塑造价值，谁都想少走弯路，给人不看就亏的感觉，极大地引起用户观看的兴趣。

（3）经典句式

① 今天我要讲的三个点，让我一年赚到百万元，我从来没有在其他地方讲过……

② 3个理财技巧，让你月入破万。

③ 边旅游边卖课，还能月入十多万元，想不想拥有这样的顶级体验？今天听我拆解……

3.2.6　颠覆认知

颠覆常识，就是跟习以为常的"大道理"反着来，提出明显的违反常理的看法。给大家耳熟能详的做法 / 事件搭配一个相反的行为，比如颠覆年龄、颠覆常识、颠覆职业，等等。

· 从小镇女孩到北京买房，她仅用了 2 年。

· 管住嘴，迈开腿，并不能让你瘦下来。

· 我的保洁阿姨，每天开保时捷上班。

（1）经典案例

能成大事的人，都是从玩手机开始的。

（2）文案分析

在一般的认知中，"玩手机"是休闲娱乐的方式，但这里却说"玩手机的人才是能成大事的人"，打破常识，给人一个新奇的观点，吸引人继续看下去。

（3）经典句式

① 作为一个不合群的人，我是怎么交到朋友的？

② 你卖什么，就不要写什么。

③ 你知道吗？好孩子不是逼出来的，而是家长套路出来的。

3.3 吸引人点击的八类封面标题

那么，怎么让用户优先点击我们的笔记呢？

经常刷小红书的人会发现，小红书主页一般会同时呈现 4 篇笔记，就像在"货架"上陈列的商品，用户可以随意选择点开自己感兴趣的笔记。这就是小红书的双列瀑布流的展现形式。

要想办法提升用户对"货架"上的笔记的点击欲！为什么点击率那么重要呢？因为点击率是系统是否要将这篇笔记推到更大流量池的决定性因素。没有点击率，一切都是空谈。

哪种类型的封面点击率低，用户不愿意点开呢？

（1）封面硬广

像模特广告形象图、电商详情页、产品介绍页，这种类型在用户的思维当中已经形成定式，它们就是广告，所以没人愿意点开，如图 3-2 所示。

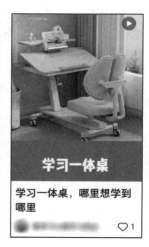

图3-2　封面硬广举例

（2）封面没有重点

封面没有吸引人的亮点，画面不清晰，用户点进去之后不知道作者在讲些什么，如图 3-3 所示。

图3-3　封面没有重点

在《好奇心的秘密》这本书当中，作者提到两类好奇——感知型好奇和认知型好奇。感知型好奇，就是让人觉得新奇、颠覆认知，几乎人人都有；认知型好奇就是对知识的渴望，就是熟悉的东西陌生化，让我们想要一探究竟。

从这两方面入手，就能够做出让人想点击的封面。

3.3.1 "超级符号"大封面

想要让人点击封面，就要弄清小红书的封面包含哪些元素。封面元素通常包含封面字体、文案、图片、尺寸、装饰、标题。

我把它们统称为"大封面"，不是单一地看一张图，而是把它放在小红书瀑布流的情景当中来看，如图 3-4 所示。

图3-4 大封面

这里面还有一个关键词，就是"超级符号"！

什么是超级符号呢？就是已经存在人脑当中几百几千年的东西，是大家原本就熟悉、喜欢、记得的东西，让人理解起来毫不费力的东西。比如：

·苹果，好识别好记忆的低成本的名字。

·飘柔，一听就让人觉得头发柔顺的洗发水。

·三只松鼠，一看即可联想到吃坚果的画面。

而我们在设计封面的时候，就是要降低记忆成本，让人一眼看清，一眼吸睛!

对于刷小红书的人来讲,最先映入眼帘的封面往往就是他要点击的封面!就像华与华公司给厨邦酱油设计的绿格子包装的超级符号,在货架上,最先映入消费者眼帘的就是绿格子包装,一下就让人联想到厨房,如图3-5所示。

理解了超级符号,我们应该怎么做呢?

1. 用好广告位货架

小红书平台推荐的封面尺寸是3∶4或者4∶3。

一个手机屏幕会呈现4篇不同的笔记,用户可以随意点开任意一篇。这就是我们的广告位货架!而我们首先需要注意的就是用好这个货架,如图3-6所示。

图3-5　厨邦酱油包装

图3-6　小红书首页

麦克卢汉说"媒介即信息"。媒介是人的延伸,不同媒介传达不同信息。

就拿图书来讲,精装书和平装书就是材质不同的媒介,实现不同的价值。在做小红书的过程当中,大家往往认为文案内容更重要,不会太重视封面,这是普遍问题。其实应该重视封面,因为封面能更直观地向观众传达信息。

小红书的封面，如果没有人点开，那一切等于零。

2. 降低阅读理解成本

首先，要给足用户信息。用户刷到一篇笔记，只有短短几秒钟的时间决定是否点击它。如果封面没有一个让他点进来的理由，文案看不懂，或者这个理由没有足够的吸引力，用户就会把这篇笔记滑过去。

首先，封面可以是图形，也可以是文字，总之，要给用户一个点进来的理由。

其次，就是要大，要让用户毫不费力地看到它。

很多小红书封面字体太淡，如果不仔细看，根本就看不清封面的文字，又怎么会感受到文字传递出来的信息呢？要尽可能地清晰，可以从字体颜色、大小等方面去设计，如图 3-7 所示。

图3-7　笔记封面

3.3.2　盘点合集

有价值的内容、干货在小红书很受欢迎。干货多、信息量大的合集类内容，会获得更多的点赞和收藏！

合集并不意味着就是大杂烩。博主自己要仔细筛选一遍，有一定区分程度地分享合集，再让粉丝自己挑选。通常以下两类合集内容比较受欢迎。

第一类，知识全面的合集。这里面都是已经总结好的干货，读者只需要当个伸手党。

第二类，新奇知识较多的合集。如果总结的是读者以前从来没有接触过的，却很有价值的内容，就会让人觉得你比较有料。

比如：3 个技巧轻松改变富贵包、15 天轻松瘦大腿、学生党也能买得起的平价口红大全，内容要尽可能地翔实，要让人觉得有价值，有一种不收藏就会吃亏的感觉，如图 3-8 所示。

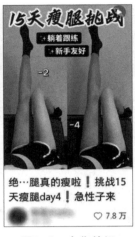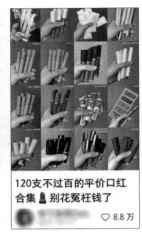

图3-8　合集笔记

这种类型要注意以下两点。

（1）排版的舒适感

图文一般采用拼图／多图形式，图片风格调性氛围相似，整体看起来要和谐。

（2）增加人设

在图文最后插入作者的自我介绍，同时进行总结引导，吸引读者来到主页查看其他内容。

3.3.3　直击痛点

痛点就是用户还未被满足的需求，包括痛点问题和需求，如图 3-9 所示。

· 晒黑是痛点，防晒就是需求。

· 小腿粗壮是痛点，瘦小腿就是需求。

· 不会写文案是痛点，学会文案策划拿 7000 元薪资就是需求。

用痛点来做封面能够直击人心，下面举两个例子。

（1）案例一：何星河的这篇视频封面，就是典型的痛点 + 需求。"很难突破 1000 粉"是痛点，"3 步涨粉法起号"是需求，如图 3-10 所示。

图3-9　直击痛点

（2）案例二："表面越善良的人命越差"是痛点，"答案"是需求，如图 3-11 所示。

图3-10　案例一　　　　　　　　　　　图3-11　案例二

将观众迫切想要知道的内容放在封面，引导用户点击，就可以快速提高阅读量。

3.3.4　良言相劝

（1）第一种：站在过来人的角度告诉你，我凭什么有这个资格对你讲这件事，你为什么要听我的。作者表达越诚恳、越肯定，打动人的概率就越高。

① 案例一：博主 35 岁，每周都要做一次面部护理，并且已经连续做了 5 年。她在封面上呈现了自己正在做护理的场景，可以看出她皮肤白皙光滑，显得很年轻，如图 3-12 所示。

这样的人站出来分享，你会不会愿意点击？答案是一定会。

作者的封面告诉所有人，她有资格来讲这样的话题，因为她这些年都是这样做的，并且结果很好。

② 案例二：这位博主在央企工作了 10 年，并且是总部的笔杆子。他把 10 年的经验总结为 10 步工作法，让你看完觉得写材料很简单，你愿不愿意点击？一定愿意。他的封面如图 3-13 所示。

图3-12　好的封面展示

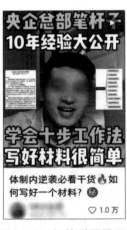

图3-13　好的封面展示

封面字体大且显眼，还有思维导图，作为情景化的指引，让人不得不想要点击。

（2）第二种：让人产生恐惧感。

心理学上有一个概念叫"厌恶损失"，人在面对损失和获得时，敏感程度是不对称的，面对痛苦的不良感觉要大大超过面对获得的快乐感，我们仿佛天生讨厌损失。当一个人讨厌失去的时候，他会不由自主地想要点击。

① 案例一："请立刻停止这些看似精明实则很傻的行为"，这就是在暗示，也许你正在做一些看似很精明实际却很傻的事，只是你还没有意识到。这就是利用了人的恐惧心理来吸引人点击进来一探究竟，如图 3-14 所示。

图3-14　好的封面展示

② 案例二："阻碍新手配色进步三大坑""学画千万不要做这 3 件事"，这样的表述一定会吸引对应的人群点击进来对号入座，看看自己有没有踩坑，或者做了不该做的事，如图 3-15 所示。

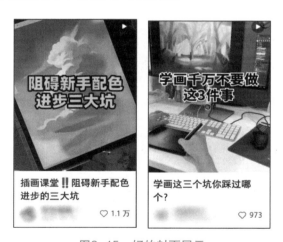

图3-15　好的封面展示

封面文字清晰，并且搭配了办公桌电脑，用情景画来展示带入场景。

3.3.5　对比反差

反差就是不断打破预期，让用户获得愉悦感。最常用的就是对比，用两张图呈现之前和之后不同的效果，让人产生好奇感，想知道这是怎么做到的。

比如美妆，突出化妆前后的效果，前后的拍摄场景不要发生变化，用来增加冲击感。

这种类型适用于很多赛道，比如减肥前和减肥后、穿搭前和穿搭后、装修前和装修后、婚前和婚后等，前后强烈的视觉反差会让人产生强烈的好奇，如图3-16所示。

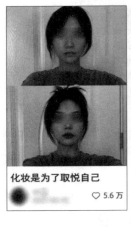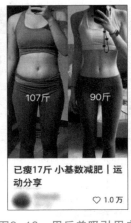

图3-16　用反差吸引用户

3.3.6　画面吸引

颜值即正义！当然这里指的不仅仅是美女帅哥，还包括穿搭和装修风格、物品的摆放、旅游风景等。挑选一张精美的海报大片，再配上主题和标题作为封面，用户更愿意点击，如图3-17所示。

图3-17　用画面吸引用户

没有见过的、给人带来视觉震撼的图片，比如更多更大更有趣、一瓶饮料和 10 瓶饮料，如图 3-18 所示。

图3-18　体现数量优势的封面

将熟悉的东西陌生化，也可以激发用户的好奇心！就是将原本用户心智当中已经存在的东西和现有的陌生的东西结合起来，形成新的东西，如图 3-19 所示。

图3-19　将熟悉的东西陌生化

3.3.7　名人效应

名人明星自带流量。

明星有很多粉丝，不管是真爱粉还是黑粉，看见明星发布的内容都会点进去看一下。将名人放在封面作为背书（注意打码，不得侵权），引导用户直接打开，这在自媒体上是很常见的方式，如图3-20所示。

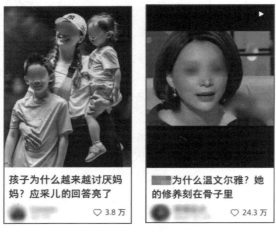

孩子为什么越来越讨厌妈妈？应采儿的回答亮了　♡ 3.8 万

████为什么温文尔雅？她的修养刻在骨子里　♡ 24.3 万

图3-20　明星效应

3.3.8　情绪表达

互联网上的价值，大体上可分为情绪价值和实用价值两大类。实用价值在小红书也非常重要，一些可以调动用户情绪的词语，会拉近和用户之间的距离。

我认为一等的情绪是第一眼有波澜，二等的情绪是造势、争议、共同价值、共同敌人，三等的情绪是回归到自我本身，引起共鸣。

小红书的封面标题表达就属于第一种，可以在第一时间拉动用户的情绪。比如表3-3所示的流行词，就是容易拉动用户情绪的封面要素。

表3-3　流行词举例

流行词	释　义
YYDS	是"永远的神"的首字母拼音缩写，形容对产品或者某一个人的喜爱和崇拜之情。经常会说"××明星YYDS""××品牌YYDS"
神仙	形容颜值非常夸张，或者赞美某个东西很好。经常会说"这是什么神仙App""这是什么神仙颜值"

续表

流行词	释　义
沉浸式	这个词语就是不打扰，没有干扰的意思。比如"沉浸式卸妆""沉浸式干饭"等
救命、绝绝子	这两个词在小红书出现的频率很高，非常好用，表达了对一件事物的极度夸张和赞叹

流行用语背后代表的是圈子和时髦，所以用这些词语可以吸引用户眼球，拉近和用户之间的距离，如图 3-21 所示。

图3-21　流行词笔记

封面不是爆文的唯一因素，但却是决定性因素，在其他条件同样优质的情况之下可以提升成为爆款的概率。

3.4　五大类型看完让人忍不住想互动

凡是做自媒体的，没有人不希望能持续提升自己文章的传播速度。想要快速传播就一定要产生爆文，而爆文的互动率一定不会差。

小红书笔记发出去之后，会经历 3 个阶段：

·通过平台审核，将笔记推送给感兴趣的用户。

·吸引用户兴趣，用户点击阅读。

·激发用户互动热情，用户忍不住点赞收藏评论转发。不断触发平台机制，传播速度会越来越快。

我们要尽可能地去做一些让用户更想与你互动的，有价值、有思想的内容，这样才能提升笔记的浏览量，积累更多粉丝！

3.4.1 情绪共情

懂得越多就越不敢说，由此导致说出来的文案太过理性，枯燥无味，所以很多高学历的人做不好自媒体。

工作了一天，回到家刷刷手机，是为了追求一种情绪上的共鸣、感官上的刺激、精神上的放松。大家爱听的是故事，而不是说教。

要想清楚文案传播的目的，考虑好你想要引发怎样的情绪。

自媒体上的情绪触发可以按照以下分类进行：

（1）积极情绪

内容积极向上，传递乐观的情绪，给读者带来愉悦、放松和满足，如图3-22所示。

图3-22　触发积极情绪的内容

小红书的沉浸式回家vlog，记录一个人的生活，比如下班回到家之后，插花、看书、做饭、撸猫，处理家里的一些琐碎事。工作时状态紧绷，下班回家看到这些治愈系的内容，就会跟着博主放松下来，也想像博主一样拥有这些美好生活。

（2）消极情绪

内容负面，引发焦虑，会给读者带来紧张、不安和愤怒等情绪。

在小红书的互动行为里，相比于点赞和收藏，评论的权重是很高的，拥有更多评论的笔记更容易被推荐，如图3-23所示。

图3-23　触发消极情绪的内容

比如，日本向海洋排核污水，引起民众的抗议和愤怒。这位美国博主在视频当中明确提出不代言日本产品。大家纷纷在评论区表达自己的不满情绪，并且支持博主的抗议！

（3）成长性情绪

内容实用，有干货，激励读者面对挑战，督促个人成长进步。比如一些成长经验分享和学习方法分享。

小红书内容的价值体现在有用。因此，在内容当中提升干货的密集度，分享一些学习方法和技巧，是很受读者欢迎的。

（4）社交情绪

内容互动性强，几乎所有人都有发言权，满足互动的情绪价值。比如讨论某个明星好不好看。

3.4.2　回忆共鸣

　　共鸣就是在他人情感表现刺激下，引发相同的情感或者相似的反应。这样的表现在我们的工作和生活当中随处可见。

　　当我们发现身边的同事犯了一个错误，并且这个错误自己也犯过，就会触发情感共鸣；当某个博主说自己离婚带孩子生活了5年，一个人带孩子过得很辛苦，就会有人联想到自己也是一个人带孩子，不仅可以感受到对方的委屈、心酸，自己也会产生类似的情绪反应。

　　共鸣最大的作用是给用户贴上一个"自己人"的标签。在互联网信息爆炸时代，所有人都会将信息粗略地划分为2种，一种是与自己有关的，一种是与自己无关的。与自己有关的信息会被优先注意，与自己无关的信息则容易被过滤，如图3-24所示。

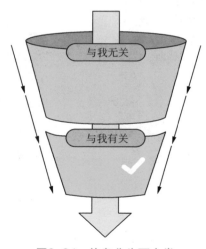

图3-24　信息分为两大类

　　而共鸣就是给用户传递一个信息——这是一个"与你有关"的信息，你不应该错失！

　　大家都对某个话题感兴趣，大家都对某个话题充满了爱，大家都对某个话题怒不可遏，这就叫共鸣。大众都在某一个地方隐隐作痛，这个点就会产生共鸣。有共鸣就会有观众，有观众就会有热度，有热度就会引起互动！

那么，怎样去寻求共鸣呢？

1. 身份共鸣

以相同或者相似的身份，针对大家共情的某一类事或者人，产生相同的感受。

比如相同的群体都是女性、HR、老师、同一时代的人，那么针对不同的群体所选择的内容、写作的方式也会有所不同。在写作之前要想清楚自己的用户群体是谁，他们想要从你这里得到些什么，如表3-4所示。

表3-4　用户群体分析

用户群体	兴趣点	群体分析
"80后"这一代人	小时候的广播体操、零食，初中时代的发型、音乐、歌星	会将"80后"所有人的回忆拉到很多年以前，全国各地的"80后"就会有共同的回忆，大家纷纷在评论区感叹自己逝去的青春
宝妈群体	和老公的关系、婆媳之间的关系，科学育儿，孩子不听话怎么办	这是所有宝妈的共同话题，宝妈会看视频向优秀的博主学习，大家也会在评论区积极交流
离婚人群	一个人怎样带孩子，因为什么离婚，出轨、小三	很多离过婚的人都会感叹视频里的那个人和自己的经历有诸多相似之处；对视频当中的人感同身受，觉得自己正在或者曾经经历的，就是她经历过的，就会产生情绪上的共鸣

2. 需求共鸣

需求共鸣就是借助封面隐藏的用户需求信息，与用户产生共鸣。用户只要看到封面上的文案信息，就会产生一定的需求，而内容要做的，就是对需求进一步强化。

（1）封面图宣传，如图3-25所示。

比如：你敢不敢和我一样21天早起、读书，打卡社群、求职工作群，等等。

用户只要是根据封面信息点击进来，就可能存在抱团组队这样的需求。随着越来越多的人加入，产生的共鸣也会越来越大。

图3-25　封面图宣传举例

（2）痛点需求，如图 3-26 所示。

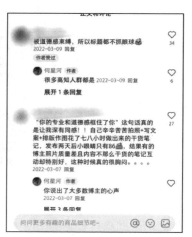

图3-26　何星河笔记截图

比如我的第一篇笔记，封面说"越是老实的人越做不好小红书"，文章的内容讲述为什么越专业的人越做不好自媒体，在评论区引起了很多人的共鸣！

3. 画面共鸣

画面共鸣要写得真实，符合实际情况。如果画面很容易就让读者产生联想，便能够不自觉地把读者带入其中。比如：

· 你家的孩子是不是……

- 如果你现在化妆时也像这样卡粉……
- 今天回家，老公一上来就指着我说……
- 你是不是也是小腿粗壮……

3.4.3 合集干货

干货攻略类型的笔记一直是小红书的大爆款，收藏约等于学会，收藏是触动小红书笔记流量的"开关"。大信息量的笔记很容易引发用户收藏行为，因为用户根本记不住那么多，所以会优先选择把笔记收藏起来。如果你想要让笔记有更多的流量，就需要把自己的内容做得有收藏价值。

1. 合集类

在内容质量相同的情况下，合集式的清单相比单一的产品介绍，更容易出爆款，如图 3-27 所示。

例如：

- 口红试色，一次测 10 支，肯定比一次测 1 支更容易爆。
- 推荐书籍，一次推荐 5 本，比一次推荐 1 本更容易爆。
- 推荐裙子，一次推荐 7 款，比一次推荐 1 款更容易爆。

图3-27 合集笔记

合集式的内容更容易爆，因为大家来到小红书就是为了寻找生活参考。那既然是找参考，维度自然越细越好。

2. 攻略计划

攻略型适用的行业范围广泛，笔记的内容干货要细致清晰，具体到每一个步骤怎么操作，减少执行上的卡点，笔记就很容易完成。

比如，拿旅游攻略举例，如图 3-28 所示。

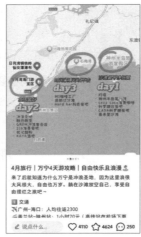

图3-28　旅游攻略笔记

第一，封面。以拼图的形式，将抓人眼球的瞬间排列在封面，会更加吸引人的眼球。

第二，笔记内容。内容亮点清晰，从交通、住宿、饮食、景点、行程，给了详细的建议，具有参考意义。排版清晰美观，图片好看，引发了读者去游玩的兴致。

3.4.4　获得好处

人都有"捡便宜"的心理。一篇文案或者视频，不管是暗示还是明示我们看完之后能得到一些好处，那么它被点击的概率和被看完的概率就会大大提升。

比如：花费多少时间、金钱或者做什么事，就可以得到什么好处。

·这样学习，你的 24 小时等于别人的 72 小时。

·不花一分钱，免费提升流量。

· 3个不花钱就能零成本提升自己的方法。

· 只用1招，就让所有人喜欢你。

· 1分钟，学会两股编发，真的是包头作弊神器。

利益式的标题，表明是什么主题和内容，看完能够获得什么好处。

3.4.5　引发认同

罗伯特·西奥迪尼在《影响力：劝说心理学》中说："为什么预置笑声能够大行其道呢？"任何人都能辨认出那种录制的笑声，它是如此喧嚣，如此明显地在作假，与真实的笑声完全不同，然而，尽管它的伪造痕迹那么明显，但它还是能够在我们身上起作用！

"当人们看到其他人在做某个行为时，他们就会倾向于认为该行为更加适当，这一点通常行之有效。作为一个规律，跟随社会潮流而动，而不是逆风行驶，我们就会少犯错误。通常来讲，当很多人都在做同一件事情时，它就是正确的选择。"

这就是人们特别喜欢从众和随大流的原因，也就是心理学所说的羊群效应。

如果你看到很多人给一篇笔记点赞，你也就很容易认为这是一篇不错的笔记，并且也会点赞、收藏。同样的，如果有人在弹幕里互动，你也很容易跟着他们在弹幕里互动！引发用户的认同，粉丝就很容易互动。除了引导评论，还可以设置一些简单的指令，引导观众发弹幕。比如：

（1）留言许愿：请把理想中的大学发在弹幕上；请把成功上岸打在弹幕上。

（2）场景认同：如果你总是三分钟热度，写一会儿作业就看一会儿手机；如果你的小腿粗壮、肚子突出，请在弹幕上扣1。

（3）情绪感召：如果你也想从今天开始改变，如果你也想慢慢变富，请把"来了"打在弹幕上。

（4）互动预告：如果大家想要看我分享一期珠宝，想要让我测评一期鞋子，请把"珠宝""鞋子"打在公屏上。

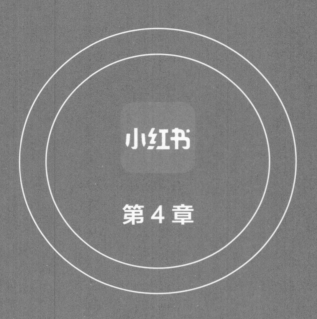

小红书

第 4 章

多维成交，
小红书盈利方式和趋势

4.1 素人博主如何赚钱？

小红书月活超过2.6亿，月活创作者2000万＋，每天发布的笔记数多达300万＋。小红书不仅仅是商家、品牌实现商业盈利的主平台之一，也是无数个体掘金的舞台。广告植入，就是小红书最常见的一种赚钱方式。

4.1.1 博主三大赚钱方式

1. 置换

什么是置换？品牌方会把产品无偿送给小红书博主，小红书博主在收到产品之后，无偿撰写并发布一篇与产品相关的笔记。

比如出版社赠送博主一本书，博主发布读后感或者推荐笔记；又比如商家让博主探店，提供免费吃喝，博主发布笔记。

无费置换的成本很低，不需要商家给博主提供稿费，只需要提供产品。

有两种博主比较适合这种方式，如表4-1所示。

表4-1 两种类型博主的置换

账号类型	账 号 说 明	广 告 合 作
素人	指粉丝还比较少，可以持续更新垂直内容的账号	保持一定频率的更新，一定会有品牌私信你，与你谈合作。这一类博主一般接到的是产品置换或者低价广告
KOC	几千粉丝到几万粉丝的账号，我们称之为KOC	这个时期有商家的产品置换，但由于粉丝数已经逐渐涨起来，故而一般会有加费用的模式

博主还在成长期的时候，与品牌方进行置换合作有两个好处：

第一，积累商务合作资源，等账号做起来，就可以快速跟品牌方建立合作。

第二，练习跟品牌方的合作洽谈，沟通合作笔记写法、注意事项等。

在 KOC 阶段的博主，已经较为成熟。针对合作置换的品牌，应当综合评估自己的精力和时间，再决定自己是否要接。

2. 不报备广告

最常见的赚钱方式就是广告，广告又分为报备广告和不报备广告。

不报备广告就是品牌与博主私下合作的笔记形式，平台并不知晓，俗称软文。这种广告合作方式门槛比较低，由于平台并不知晓，所以不走蒲公英的后台。品牌或商家与博主约定价格和档期，私下交易即可。

3. 报备广告

报备广告就是通过小红书平台——蒲公英下单的合作，是平台公认、提倡的合作模式，也是安全运营小红书的做法。小红书不会把这一类笔记判为营销广告或者违规。

当博主粉丝超过1000，没有违规行为，并且认证了专业号，就可以开通蒲公英，入驻小红书合作中心。账号运营得好，就有品牌方主动邀约。

商家可以在蒲公英平台根据账号垂直情况、博主人设、粉丝数据进行筛选，自行挑选合适的博主或MCN机构合作，如图4-1所示。

图4-1　蒲公英后台

博主入驻蒲公英需要提交申请。申请流程：创作中心—更多服务—内容合作—申请开通，如图4-2所示。

申请通过后，需要博主自行设置报价，否则无法被品牌方看到，而博主也可以根据后台"招募合作"中品牌方的需要主动报名参与合作。

图4-2　入驻蒲公英申请流程截图

报备笔记属于品牌方先下单的合作模式，可在一定程度上保护博主的权益，不会出现谈好合作之后品牌方又拒绝合作的情况，也不用担心品牌方不结算广告费用的问题。当然，如果小红书博主接单后不履约，也会被平台处罚。所以，蒲公英平台可以约束双方。

蒲公英等级的影响：

如何评判博主账号的健康状况呢？可以看其蒲公英健康等级，如图 4-3 所示。

优秀	普通	异常
代表账号内容及流量状态健康，享有平台基础接单权限的同时，可获得平台主动推荐的更多品牌内容合作机会	代表账号内容及流量状态不稳定，账号近期存在部分平台不鼓励的行为，如：发布不合适、导向不佳、无真实体验、违规推广内容，账号数据作假，营销动机异常等	代表账号内容及流量状态异常，账号近期存在大量平台不鼓励的行为，如：发布不实信息，发布不友好或不合适的内容，账号数据作假等

图4-3　蒲公英等级概念

蒲公英健康等级分为优秀、普通、异常。优秀，代表账号最近的流量状态健康，可以获得更多的平台推荐。普通，更像是平台的一种提醒，告诉你账号需要继续更新优质内容。异常，代表近期账号大量存在平台不鼓励的内容，触碰到了平台的底线。

在小红书上，靠广告赚钱一般有两种方式。

（1）被动等待广告主联系

首先，随着粉丝越来越多，你会在后台收到合作邀约私信，添加商家联系人微信之后即可沟通广告合作事宜。还可以在账号的简介中写上自己的邮箱作为联系方式。

其次，满1000粉可以开通蒲公英。

走官方报备的广告合作形式，平台会向商家和博主分别收取10%～20%的费用。以下是商家下单流程，如图4-4所示。

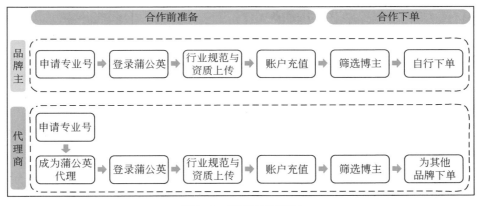

图4-4 商家下单流程

（2）主动出击寻找广告商

有一些品牌方或者PR，会在平台发笔记寻找优质的博主，你可以私聊他们或者在评论区表达意向。还可以加入一些通告群，群里会不定期更新一些需要合作的品牌方，按要求报名即可。

其次，去淘宝或者拼多多主动和商家沟通，问一下是否有和小红书博主合作的打算。

4.1.2 素人做内容如何起步？

1. 摸索试错期

（1）你的受众是谁？

你的内容打算给谁看？他们的用户画像是什么样的？

（2）内容是什么样的？

你的内容要做成什么样才能吸引你的受众？他们平时对什么话题比较感兴趣？

（3）有什么价值？

你分享的内容粉丝会喜欢吗？有价值吗？你的内容有为品牌方留广告位吗？

一个母婴赛道学员找到我的时候已经有了2000多个粉丝，她的账号内容包含带娃旅行、带娃日常，不聚焦。找到我做定位之后，她调整了内容发布比例，保持一定更新频率，大半年之后涨粉2.8万，找到了自己的风格和运营方向！

在迷茫和摸索阶段的运营者，需要不断尝试和迭代才能进步！

2. 稳定更新期

在发布一定数量的笔记之后，就可以统计分析自己的数据，总结一些有爆款潜质的选题的共性。

将自己发布笔记的时间固定下来，培养粉丝黏性，让粉丝养成习惯，定时定点来看你的更新和推送。

小红书笔记的发布时间不是玄学。用户比较活跃的时段，你的笔记被看到的机会就多。那么如何判断目标用户在哪个时段最活跃呢？方法就是测试。

白天选几个时段，晚上选几个时段，分别发布笔记，查看互动情况和流量情况，从而测试出数据比较好的时段，如图4-5所示。

保持稳定、有质量地更新，切忌三天打鱼两天晒网，一旦断更就没有动力去更新了。如果能够养成定期更新的习惯，输出内容就不会很难。在保持更新频率的同时，也要注意更新质量。

3. 爆款打造期

（1）打造爆款，摸清观众脾性

将自己发过的笔记做一下数据统计分析，就可以知道哪些笔记比较受读者欢迎，从而为下一步创作提供参考和改进方向！

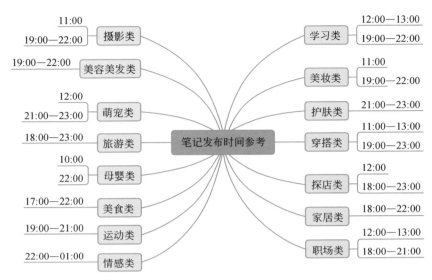

图4-5 笔记发布时间参考

如果一个话题之下出现爆款，就可以复制这个爆款！我的健身瑜伽赛道学员出了一条爆款笔记后，我让她再出一条，结果真的又爆了，由此她好像找到了自己的流量密码，随后发布的多篇笔记都成为万赞爆款，如图4-6所示。

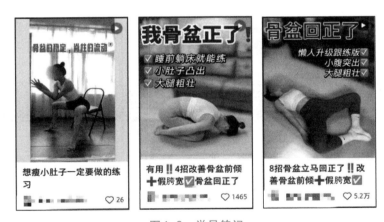

图4-6 学员笔记

一条话题成为爆款，说明用户对这一类型的话题感兴趣，那么就可以趁热打铁，追加笔记热度！一条小红书爆款笔记胜过100篇普通笔记。

（2）放大人设特色

人设决定了你的形象和影响力，一个有吸引力、有观点、有立场、不做作、有独特性的人设，可以让用户对博主产生认同，并且愿意持续关注和支持。

在互联网上，人与人之间的沟通和链接始终隔着一个屏幕。只有放大和不吝于表达自己的观点、立场、情绪，才更容易被人记住。观点立场本身是多元的，没有统一的标准。

就像你谈过两个女朋友，一个不哭不闹，没有脾气，你感受不到她的任何情绪和波澜；另一个个性十足，时不时还会闹小脾气。多年以后回想起来，一定是后者让你印象更加深刻。

所以人设需要博主充分展现自己的专业性，放大自己的个性，建立更加丰满的形象，这样才能与粉丝建立更紧密的联系。

（3）账号运营

在这个时期应多多关注用户需求，依据用户需求不断迭代内容的产出方向。

要学会在新的内容中巧妙地放置你的产品；多留广告位，这样广告主会更愿意找你做推广。要将产品隐性植入内容当中，不显得突兀，通过内容的吸引力引发用户对产品的兴趣和购买欲望，从而达到赚钱的目的。

这个时候，你就是一名成熟的小红书博主啦！

4.2　超级个体如何赚钱？

我们现在所处的时代，有不少人愿意为经验埋单。我的一个朋友是一名专业的人像摄影师，他在小红书发布第一篇笔记就有人找他拍照。他拍情侣照、婚纱照、亲子照，在小红书接单拍照成为他的自由职业，一做就是 6 年。

为经验埋单，本质上解决的是用户的信息需求问题。你会的，别人不会；你唾手可得的技艺，在别人看来就是求而不得的能力。如果你有一门技艺，比如书法、绘画、写作、拍摄……你就可以拿它来进行价值交换。很多人都有自己擅长的技能，这些人就有成为超级个体的潜质。

4.2.1 咨询个案

咨询个案不需要借助工具，用户只需要加你的微信，付款咨询就可以了。

因为信息的不对称，你知道的，别人可能不知道；别人渴望的，正好是你擅长的。做咨询个案可以一对一了解客户当前面临的问题，教给他怎样去解决这个问题，从而帮助客户从不理想的状态达到理想的状态，如图4-7所示。

图4-7 咨询个案

一个客户瘦不下来，你就可以对他的身体状况和生活习惯进行评估和判断，然后给出建设性经验和建议，帮助他获得自己满意的标准身材，这种情况一般按小时收费。

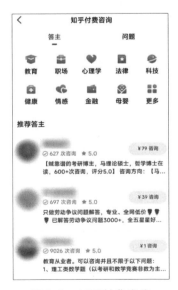

图4-8 知乎付费咨询

市面上有很多平台提供了咨询收费的入口，我们可以将自己作为产品挂到某个平台。最简单的办法就是借助小红书，通过内容吸引客户找到你，然后向你付费。

"在行"也是一个很好的知识付费平台，2015年推出。通过这个平台，你可以约见不同领域的行家，与他们进行一对一的交流。如果你在某个领域有专业的知识和技能，就可以提炼出来，通过在行链接需要你帮助的人。

知乎上有一个付费咨询板块，可以申请为答主，回答别人对你的咨询。费用是自己设置的，回答的类型不一样，收费不同，如图4-8所示。

4.2.2 知识课程

每个时代都有各自的发展趋势，一个人一生只在一家公司工作的可能性会越来越小。互联网时代，即便再小的个体，只要你有才华，你的价值都可以被放大。

做知识付费最常见的一种方法就是做知识课程。一些人有误区，并不是只有专家才能够做知识付费。90分的人可以教80分的人，80分的人可以教60分的人，本质上是信息差，而小红书帮助我们放大了这个信息差。这里的关键是你想不想，而不是你能不能。

在小红书你也许会刷到这样的视频：一个博主用短视频方式给你讲了职场人必备的技能方法，在视频结尾他告诉你，他有一份包含各行各业的PPT制作模板，只需要6元你就可以拿到。

我也买了这一份资料，拿到之后发现文档里确实有很多模板，非常实用，可见作者花了不少时间整理这些资料。而他的这份资料已经卖了9000多份，如图4-9所示。

在小红书还有一个叫"young妈"的博主，有30万粉丝，主要阅读和语文相关的知识。她在小红书上的专栏课程，每一个都卖了至少2000份，如图4-10所示。

图4-9 知识付费课程

图4-10 专栏课程

每一个人都是一个产品，都应该把自己当成这辈子最好的产品去打造。首先要拥有能力，其次要学会把这种能力"产品化"。对一个人的能力进行产品化打造，是这个人成为超级个体的必经之路。也就是说，你需要把这种能力，以课程或者训练营的方式出售给别人，这种能力才能称为产品。

"再小的个体，也要有自己的品牌"，未来个人品牌就是最好的护城河，一旦打造出来就很难被复制。

4.2.3 社群圈子

如果你有资源，就可以把某一领域的人聚集在一起，建立社群。想要加入社群的人，必须向社群支付的一定费用。社群的建立者可以根据用户需求提供专业的内容和服务，从而实现赚钱的目的。

可以做微信社群的圈子，也可以将知识沉淀在"知识星球"这样的知识平台上。超级个体可以将自己的粉丝聚集起来，通过社群与粉丝深度互动，提供付费咨询和定制服务，甚至是线下活动。运营社群不仅可以获得收入，还可以提升超级个体的影响力。比如：你可以打开公众号"何星河"回复关键词"干货群"，进入我的免费小红书讨论群聊，向我提问。

4.3 品牌商家如何盈利？

在 2023 年 2 月举行的小红书 Will 商业大会上，小红书 COO 柯南说："无论干什么，我都习惯于先在小红书上搜一搜。"搜索成为小红书用户最高频的动作行为，如图 4-11 所示。

已经有越来越多的品牌商家和企业入驻小红书，有些在平台培养了一批种子用户，有些新兴品牌借助小红书的力量破圈。那么，未来哪些行业适合入驻小红书呢？

图4-11　小红书COO柯南

4.3.1　哪些行业适合进驻小红书？

1. 与美相关的行业

小红书女性用户占比高达 88.4%，她们追求时尚和个性化，注重自己的形象，乐于尝试新的产品和流行趋势，并通过社交媒体分享和推荐产品。

越来越多的女性不仅注重外表，而且注重改变自身的精神状态。小红书的美妆基因聚集了大量用户，所以未来一切与美相关的行业和赛道，都能在小红书找到一席之地。

小红书 2023 年美妆消费十大趋势关键词：量肤定制、"还债式"护肤、彩妆"工程师"、妆容"角色化"、审美大融合、宅家"实验室"、浴室精致美学、家中自带"小香风"、居家"六边形战士"、全能气味捕手，如图 4-12 所示。

这些消费趋势都和美、生活场景相关。与美相关的还有运动、珠宝饰品、减肥、医美、健身等。如果把场景掰开来看，就是一个人，他会在什么样的场景之下，遇到什么样的问题，有什么解决方案。这就像我们在职场生活当中会遇到各种各样的问题，同样需要别人的建议和帮助，这些内容在小红书是非常受欢迎的。

内容教会用户正确的方法和姿势，用户也可以根据自己的需求和目标选择适合自己的内容！

图4-12　小红书2023年美妆消费十大趋势关键词

2. 与健康相关的行业

后疫情时代，人们更加重视健康。养生成了时尚健康的代名词，养生群体越来越年轻化。

小红书关于养生这个话题的用户多为 18～34 岁的年轻女性，她们普遍受到脱发、焦虑、失眠、作息不规律等困扰，如图 4-13 所示。

图4-13　养生话题

健康之下又出现了很多细分赛道，比如饮食、穿戴、居家理疗、生活保健等。

传统健康养生文化和现代科学的不断碰撞，一定会创造出潜力巨大的新产品。把健康养生类产品放到小红书这样的自媒体平台上传播，一定会产生巨大的威力!

3. 与教育相关的行业

小红书用户集中在一二线城市，普遍知识水平较高，对子女培养和自我提升都有很高的热情，对教育的关注程度和消费能力也都在线。教育赛道大体可分为成人教育和少儿教育。无论是幼教、K12、中高考、读研、留学，还是职业培训，各个赛道都可以在小红书上大有可为。

4. 与家居相关的行业

为什么家居家装在小红书上会受到关注呢? 还是因为女性。小红书的女性用户占了绝大多数，在家居种草这件事上，女性相比男性占据了更大的市场地位。

很多新装修房屋的用户喜欢上小红书去看装修风格和装修攻略，甚至有些直接通过小红书找到心仪的装修公司。

大部分装修巨头在小红书上提供的服务还处于初级阶段，主要是全屋定制、家居类、装修类，如果能够推出更为个性化的服务项目和服务模式，一定能干出一番成就，如图 4-14 所示。

图4-14 家居赛道

5. 与母婴相关的行业

小红书确实是某种意义上的"女性百科全书"。在小红书上，很多新手妈妈会倾诉心事，或者针对自己遇到的问题寻找解决办法。就像在生活当中女性遇到问题，第一时间想要找闺蜜一样，小红书聚集了一群热心、积极、友好的女性，她们乐于为那些有所求助的用户出谋划策!

所以你可以在这里看到不同的母婴博主分享内容，比如婚姻中与丈夫的相处之道、产后修复育儿技巧、家庭责任等。她们会在与用户的闲聊之中顺带种草产品，轻松地被用户接受。

母婴类热门笔记如下:

·**孕产分享**:备孕干货、孕前检查、孕期营养、产后保养、瘦身、坐月子攻略等。

　　·专业知识：育儿知识、育儿专家、有人设的素人母婴号等。

　　·好物分享：孕期穿搭、母婴好物、婴儿洗护、婴儿食品等。

6. 与旅游相关的行业

　　小红书平台创立初期，有关国外旅游攻略的内容圈了第一批平台粉丝。现在的小红书依旧是其用户旅游决策最重要的参考平台。在小红书上搜索旅游相关笔记应有尽有，内容涉及境内外旅游、酒店、景区、交通工具等。众多用户习惯用小红书找到他们想要的攻略，希望可以直接抄作业。

　　旅游行业可以针对游客提供交通、游览、餐饮、购物、文娱、住宿等多样化服务。小红书特别适合做推广的有民宿客栈、旅游包车、特色餐饮等。

7. 与情绪相关的行业

　　小红书上有很多关于如何维持生态平衡，克服焦虑和压力的话题。与疗愈相关的话题量高达 236 万篇，还有瑜伽、颂钵、禅修等各种修身修心方法。

　　之所以有关疗愈的市场能够发展，还是因为越来越多的人需要治愈自己的负面情绪。在物质消费背后隐藏的负面情绪，无论是工作还是亲密关系带来的情绪，都需要有一个释放的出口。

　　未来有关于情绪、疗愈、心理咨询、身心能量的内容有很大的发展机会。

4.3.2　品牌内容种草与投放策略

1. 素人铺量

　　品牌和商家怎样在小红书实现盈利呢？首先就是找博主投放，一般有以下两种渠道。

　　（1）素人免费置换

　　最节约成本的方法就是找博主置换。商家可以加入一些博主对接群、广告媒介对接群、搜索通告平台，在群里发布通告，就会有博主主动联系。因为素人博主之间也有圈层，还可以让素人博主推荐。

一般来讲，免费置换博主粉丝量一般在 300～5000 之间，不会特别高。

（2）找达人出爆文

付费给博主，博主依据商家的要求写软广。可以登录小红书蒲公英平台筛选博主，也可以在小红书的搜索框搜索关键词，根据系统推荐的笔记去筛选与自己的品牌调性相符的博主。

2. 自营账号

商家自己在平台运营账号，自己开店，自己做直播。一般企业在平台都会有蓝 V 账号（就是企业号认证的品牌商家或者实体商家），用以帮助公司进行内容传播或者获客。蓝 V 的认证费用是每年 600 元，每年都要认证。

3. 广告投放

小红书的广告投放有专门网站，那就是小红书聚光平台。付费之后，你的笔记可以被平台推给更多的人，获得更多的曝光和点击，你会与更多的精准用户建立联系。

即便是一个赞都没有的零基础新账号，通过广告投放也可以最快最大程度地起号获客。付费的形式比较适用于大企业，或者有一定承接基础的企业和品牌，如图 4-15 所示。

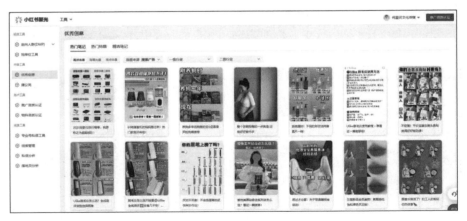

图4-15　聚光平台

4.3.3　多账号做矩阵

做矩阵的前提是已经跑通了一个小 MVP 的闭环。如果单个账号的月营收是 10 万元，那么 10 个账号就是 100 万元。矩阵是用来扩大收益的方式，有以下优势。

第一，分摊风险。在自媒体平台，单个账号的风险是很大的，不能将鸡蛋放在同一个篮子。多账号矩阵可以保证一个账号出现问题时还有另外的账号承担重任。

第二，放大盈利。一个账号输出的内容是有限的，多个账号同时发力就能够产生更大的影响力。

第三，细分垂直。将同一个产品和品牌再次细分到不同的目标人群，打造不同的内容，能够更加精准地吸引到用户。

矩阵中的账号相辅相成，每一个账号都能发挥自己的作用，帮助我们获取到更多更精准的用户，快速赚钱。

4.4　小红书未来赚钱趋势

只有把流量沉淀到私域，才能化流量为资产。但是对于平台来讲，辛辛苦苦搭建了鱼池，结果鱼儿被别人钓走了，当然不乐意。

2021 年小红书发布了新版社区规范：禁止交易导流行为，违反规定会对导流账号进行警告或者给予处罚，轻则禁言，重则封号，如图 4-16 所示。

2022 年小红书商业大会正式给出的说法是：鼓励商家和用户在平台内完成交易闭环，支持商家在平台上开店，如图 4-17 所示。

图4-16　限流提示　　　　　　　图4-17　小红书开店

4.4.1　薯店

很多用户看到一个产品，都会习惯性地打开小红书，看看其他人的真实评价，再决定要不要买。如果要买，就会打开电商平台去下单。但是现在小红书鼓励用户和商家直接在平台完成交易闭环，这就给我们创造了一个机会——在小红书上开店卖货。

无论是个人还是企业，都可以开店，并且既能售卖实物商品，也可以售卖虚拟产品，平台目前没有限制。

1. 小红书店铺类型

小红书店铺分为五大类，即个人店、个体工商户、普通企业店、旗舰店和专卖店。其中个人店和个体店可以直接申请入驻，其他类型则需要提供相应的营业执照或品牌授权等材料，如图 4-18 所示。

小红书开店流程很简单，下面以个人店手机入驻流程为例说明。

在创作中心找到"更多服务"，点击"开通店铺"，选择店铺类型，依次填写姓名、身份证号码、手机号、手机验证码，人脸验证后就可以提交入驻审核，审核成功就可以开店了，如图 4-19 所示。

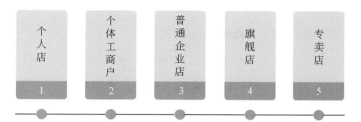

图4-18 小红书五类店铺

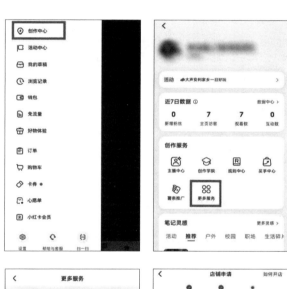

图4-19 小红书个人店开店流程

2. PC 端后台

如何上架商品？如何进入笔记管理页面？

商家在进入商家管理后台之后，在侧菜单栏点击"笔记"即可进入笔记管理页面；点击"商品"就可以批量操作商品，还可以操作订单、售后、资金等功能，如图 4-20 所示。

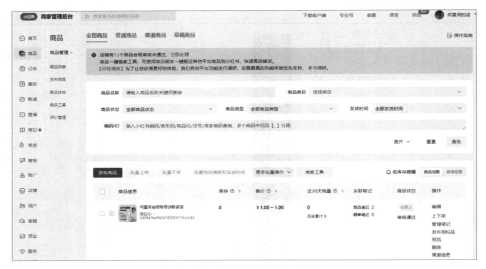

图4-20　小红书的PC端后台

4.4.2 直播化

小红书更适合打造品牌，强调内容种草，而不是像其他平台那样直接卖货。品牌可以选择与"买手"合作，也可以选择自播。过去的一年半，小红书电商买手和主理人规模增长了27倍，动销商家数增长了10倍，购买用户数增长了12倍，如图 4-21 所示。

什么是买手呢？

买手的典型代表是董洁和章小蕙。2023 年上半年，董洁和章小蕙在小红书进行直播，章小蕙首播 6 小时内完成了 5000 万元的销售额，收获了100 万 + 观看。

简单来说，买手就是在小红书上将货和用户连接起来，并且创造场景的人。通过买手真诚走心的分享，粉丝会跟着买相关商品，完成交易闭环。

图4-21 小红书电商

小红书的直播间买手跟其他平台电商主播的风格完全不一样，小红书的用户更注重感受和价值，而不仅仅是便宜。卖的是这个人的审美、品位，对生活的态度、对事物的见解。

所以在小红书没有 321 喊麦、上链接，没有逼单，有的是直播间的轻声细语、娓娓道来，有的是真诚的讲述。在买手和粉丝的互动聊天中，不知不觉就将产品卖了出去。

2023 年 8 月，小红书举办 link 电商伙伴周"买手时代已来"主题会谈，小红书直播负责人和电商负责人分享了买手成长扶持计划和商家经营方法论。

小红书计划投入 500 亿流量扶持买手，同时还会投入 500 亿流量支持商家，帮助他们在小红书完成交易闭环。在扶持电商方面，小红书拿出了足够的诚意，可以看出其想要做好直播电商的决心，如图 4-22 所示。

图4-22 小红书买手时代

平台正在深挖小红书的差异化运营优势，为商家和买手提供支持，让小红书的电商生态更加繁荣。

商家在小红书做生意的三步：

第一，建账号，发商品笔记。

第二，找买手，做直播。

第三，稳定经营，店播。

这里有一个很形象的比喻：如果我们在小红书经营的是街边店铺，那么商品笔记就好比橱窗和互动的装置、传单，买手相当于探店博主的推荐，而店铺相当于店员的推荐和讲解。

所以如何吸引用户来到店里，看到商品陈列，通过店员的讲解和探店博主的推荐带来购物的转化，是所有商家都要考虑的事情！那么商家如何完成店播呢？步骤如图4-23所示。

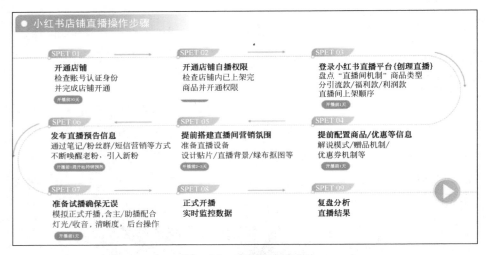

图4-23　直播操作步骤

4.4.3　赛道多元化开放化

大众喜欢和小众爱好之间的鸿沟，在小红书上表现尤为显著。也就是说，小众爱好在小红书上更容易出爆款。

2022年小红书平台鼓励小众赛道、小众职业，并且进行了流量加持！

根据相关报道，2022 年小红书全站互动量，Top 500 爆款笔记分布表显示，运动健身、生活、穿搭、美食等占据了较高的比重，反观美妆，在 Top 500 中只有 19 篇。除了观众的投票，还有平台的加持和流量助推。

平台想要在大众眼中重新定义小红书，告诉大家小红书上不仅有美妆穿搭，还有更多元化的赛道，就像小红书的口号"2 亿人的生活经验都在小红书"描述的，除了赚钱，小红书正在构建生活方式分享。

相比较早期短视频内容的单一和泛娱乐性质，现在的小红书生态呈现更垂直、更细分趋势，原本小众的兴趣也可以在这里收获特定爱好者的关注，比如下面这个手账博主。

Sophia-KK 博主在小红书发布手账类笔记涨粉 20 万。她的作品大多是做手账的视频，精致中带着破落，再配上有意境的音乐，给人一种沉浸之美，粉丝直呼好解压，普通的"垃圾"在她手里成了宝藏，如图 4-24 所示。

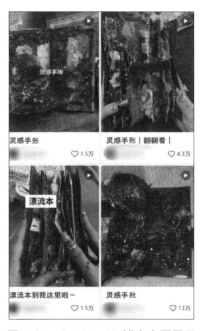

图4-24　Sophia-KK博主主页展示

她除了会教授一些手账技巧，还在手账博主之间发起了漂流本活动，博主们在漂流本上轮流创作，包括拼贴绘画、讲故事、记录生活，或者就是纯拼贴和造景，每个博主的主题都做得很有特色。

首先，手账漂流本有一个发起人，设定主题和形式，通过招募和邀请找到一定数目兴趣相同的手账爱好者，确定漂流地图和顺序。漂流之前发起人会准备本次漂流用到的一些素材和礼物，每一站的小伙伴会根据要求创作，也可以自愿给下一个小伙伴准备礼物。漂流完成后，本子回到发起人手中。

圈内人觉得这样的活动很有意义，可以让大家拥有共同的爱好，相互交流，在这个过程当中也有可能成为朋友。

一些小众赛道博主的风格可能不太适合当下大众的审美需求，这也是小红书的内容发在其他平台水土不服的原因。因为小红书聚集的是一批志同道合的人，他们有相同的爱好和兴趣，而小红书的去中心化流量分发机制，也给了小众赛道成长的沃土。

这正是小红书的魅力之一。

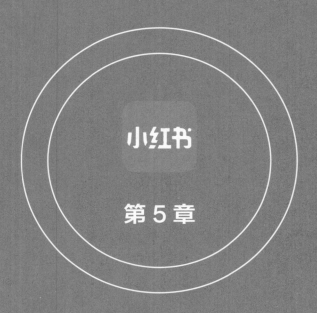

小红书

第 5 章

了解平台
是运营制胜的关键

5.1 运营机制，小红书三大核心机制

5.1.1 审核机制

后台经常有人发私信问："为什么我发出去的笔记，好几个小时甚至好几天都没人观看？"

排除内容质量问题，有可能是你的笔记根本就没发出去，这和小红书的审核机制有很大关系。

我们来看一下笔记发出去之后会经历哪几个流程。

发布笔记之后，首先会经历机器审核，通过机器审核，笔记就会顺利发出；机器审核违规，笔记就无法发出。审核阶段被判定为疑似违规，就会启动人工审核。人工审核不违规的，通过审核，笔记发出；人工审核违规的，笔记无法发出。被判定违规的，创作者会收到反馈信息，并有申诉权力。如图5-1所示。

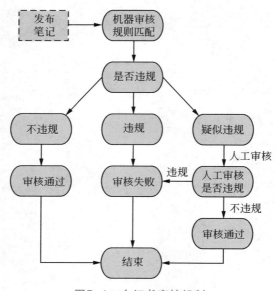

图5-1　小红书审核机制

想要通过审核，就要知道每一个节点审核的具体内容是什么。

1. 安全审核

违法、违规、平台不允许的内容，都不会通过审核，这个可以去参考"小红书社区公约"。

很多人非常直接地在小红书上发广告和销售信息，这样很容易被判违规，因为小红书是一个内容种草和真诚分享平台，不希望你直接在上面发布广告。在发布内容时，与其发多个产品，不如发一个产品。此外，不要贬低其他产品，抬高自己笔记中的产品。小红书在审核时宁可错杀，也不会放过。

很多人习惯在小红书平台引流，想把流量导入私域。如果堂而皇之地将自己的联系方式（例如微信、电话、链接、二维码等）放在内容中，很容易被机器检测出来并屏蔽，导致内容发不出去，甚至还可能被处罚。

2. 质量审核

带有其他平台和软件水印的视频，以及不清晰、不美观、夸大宣传的视频等，都不会通过审核。

展示血腥、疤痕等引人不适的图片不会被推荐。同样，夸大宣传效果，例如7天瘦10斤、美白、杀菌等不会被推荐。此外，使用夸大性词语，如最高、最佳、国家级等也不会被推荐。

3. 去重审核

搬运其他平台或账号的内容，在小红书没有经过他人授权而使用他人的原创素材，或者伪装其他博主身份搬运他人原创的笔记内容，会受到平台的严厉处罚。平台尊重原创拍摄和精心创作，抵制一切形式的搬运和盗用。

很多人确信自己的内容没有任何问题，但是发布了好几个小时，依然没有数据。出现这种情况可能是因为你的笔记还没有通过审核，也可能是遇到了平台发布内容的高峰期，比如在618、"双十一"、新年期间，整个平台发布笔记的数量骤然大增，相应的审核工作量也会同步增加，自然会造成笔记审核较慢的情况。

5.1.2　推荐机制

一篇笔记发出之后，系统会给笔记打上标签。如果有用户点开笔记，系统就会判定该用户喜欢这一类内容，下一次机器就会识别到这个人的特点和需求，给他推荐相似的内容。

小红书是去中心化的流量分发机制，一个大博主和一个小博主同时发送笔记，在赛马机制之下，到底哪一篇笔记能够获得更多推荐，取决于这篇笔记的内容质量。

小红书首页（推荐页）是双列信息流形式，会同时出现4篇笔记，给足了用户选择的空间，用户可以随意点开自己想看的内容。

两篇同时发出去的笔记，到底哪一篇能够进入更大的流量池，取决于笔记能够被多少人点击、点赞和收藏。互动率更高的笔记会优先进入更大的流量池，进而被推荐给更多对这个内容感兴趣的人，如图5-2所示。

图5-2　小红书首页推荐机制

也就是说，越是各个维度都优质的内容，就越会得到大范围的曝光，以此形成正向循环，如图5-3所示。

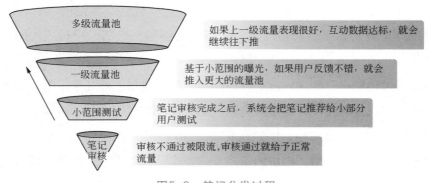

图5-3　笔记分发过程

系统为笔记分发流量的过程：

（1）笔记审核。审核不通过被限流，审核通过就给予正常流量。

（2）小范围测试。笔记审核完成之后，系统会把笔记推荐给小部分用户进行测试。

（3）一级流量池。基于小范围的曝光，如果用户反馈不错，就会推入更大的流量池。

（4）多级流量池。如果上一级流量表现很好，点击、点赞、收藏、评论、分享等各项数据达标，就会继续往下推。

以此形成良性循环，爆款会越来越爆。

5.1.3　展示机制

你今天打开小红书，刷了好几篇关于美食的笔记，第二天打开小红书，你会发现你的推荐页大概率又是几篇关于美食的笔记，这是什么逻辑呢？

这个就是小红书的首页展示机制，用户会不断刷到对他们有帮助的内容。

小红书的笔记展示有一个特点——千人千面。如果你多次搜索、点击、评论某种类型的笔记，那么这种类型的笔记在你的行为数据统计中就会占有较高的权重。

什么叫千人千面呢？以搜索包包为例，女生A搜索，出现的可能是女性包包，甚至里面还有她之前关注过的博主；如果你让男性C搜索，出现的可能就是男包。机器会根据用户的日常浏览习惯和关注习惯，进行千人千面的搜索呈现，如图5-4所示。

千人千面的个性化推荐是小红书根据用户在平台上的行为表现而做出的，用户喜欢或搜索频率较高的内容，会不断地被平台以一对一方式推荐展示。

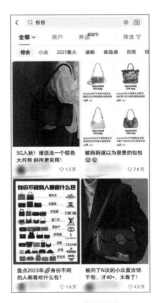

图5-4　小红书搜索页面

5.2 小红书账号运营的规则技巧

很多人在运营小红书的时候不重视细节，但细节往往决定成败，细节做得好，会让账号锦上添花，起号更快。

5.2.1 正确理解养号

养号就是通过模拟正常账号的操作，让平台认定你是一个活跃的账号，从而增加账号的权重。

不是所有账号都需要养号，一般来讲，需要养号的账号主要包含以下几种情况：

第一种：被判定为违规的号，平台已经明确告知你的账号违规。

第二种：长期不使用的账号，准备重新使用时。

第三种：已经违规被平台限制，比如限流、给别人点赞对方却看不到账号。

有以上情况的账号建议正常使用 2～3 天，让系统识别到我们是一个真实的用户账号。

养号不是为了获得更多的流量推荐，而是解决因为某些异常操作导致账号不被推荐的问题。

比如，有一些公司大批量注册账号，大批量复制粘贴相似内容发布到平台，会被平台判定为营销账号，从而被限制，这种情况就需要养号。

既然是想让系统识别为普通的用户账号，那么模拟养号的动作无非就是点赞、收藏、评论，至于要刷什么类目、每天看多长时间、给哪些账号点赞、点多少赞，按照正常账号操作即可。

1. 正常互动

每天观看小红书半小时，如果碰到喜欢的内容，不要吝于点赞、收藏、评论（2～5个），让系统识别到你是一个真实、活跃的用户。按照正常人的阅读习惯刷到一篇笔记，从头看到尾，如果喜欢就点关注，发表一下评论，这样小红书在下一次就会把相同领域的博主推荐给你。

2. 不要刷粉

不要随便去刷粉，因为你不知道给你点赞、收藏笔记、与你互动的那些人是什么标签，如果他们的标签很乱，那么系统识别到你的用户标签就很乱，这样反而会影响你的推荐精准度。

随便刷粉还有可能增加账号降权的风险，对平台而言，这属于作弊行为。

5.2.2　什么是账号权重？

想要知道什么是账号权重，先来看哪些行为可能导致账号权重降低。

（1）搬运复制

任何搬运的内容在小红书都不会得到平台的推荐，一旦被平台检测到，轻则警告，重则限流、封号。一旦被处罚，就会影响到账号的优质度，从而进一步影响到账号的整体流量。

（2）违规违法

小红书对于社区内违反国家法律法规、危害国家及社会安全的行为，将采用最严格的管理，予以杜绝。有些内容会被平台提示违规导致限流，严重的甚至会被封号。

（3）不符合小红书的社区公约

不符合小红书公约的低质量笔记、垃圾信息、负能量、血腥暴力、不美观的信息以及虚假广告，都不会被允许。如果被检测到，会影响账号优质度。

影响小红书账号权重的因素有很多，基本上可以归为三类：账号等级、内容质量、账号活跃度。

（1）账号等级

小红书的账号分为 10 个等级。

查看路径：打开小红书 App"我"—"编辑资料"，往下翻就能看到成长等级。账号等级根据用户的笔记质量和互动量来评判，如图 5-5 所示。

既然有了等级之分，那么等级肯定是越高越好，不然小红书开发这个功能也就没有任何意义了。账号的等级越高、权重越高，完成对应的任务之后，升级相对就越容易，可以在升级完成后再去着重打造爆款。

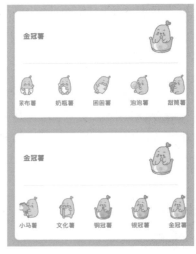

图5-5　小红书账号等级

（2）内容质量

平台会用笔记的点赞、收藏、评论、转发等互动行为指标，以及涨粉情况来评判账号内容是否优质，是否给予更多的推荐。

（3）账号活跃度

定期发布内容，像一个正常账号一样有互动行为，平台才能判定你的账号是一个活跃的账号，而不是一个僵尸号。

5.2.3　如何给账号打标签？

对于每一个个体来讲，我们在小红书平台有两种标签：一种是作者标签，贡献优质内容；一种是用户标签，浏览喜欢的内容，所以账号的发布标签和浏览标签是分开计算的。

1. 作者标签

在小红书发布第一篇笔记之后，你就会成为一名创作者，系统就会给你发布一条站内信，恭喜你成功发布了笔记，系统会给你打上创作者的标签。

同时，系统会抓取你笔记当中的关键词，给你的账号打上相应的标签，推荐给相应的用户。你不断地更新内容发布笔记，系统不断地抓取关键词，给你的创作者标签就会越来越精准。也就是说，小红书会根据你提取出来的标签和高频词，将你的内容推送给感兴趣的用户，做第一波流量推荐。

2. 用户标签

当你开始注册一个小红书账号，选择自己喜欢的领域，不断地浏览自己感兴趣的内容，并且点赞、收藏、评论时，系统就会根据你的浏览足迹判定你喜欢哪一类内容，给你打上相应的标签。

下一次你在刷笔记的时候，平台会大量推送与你的标签相符合的内容，以此持续不断地完善和更新你作为用户在平台上的标签。

5.2.4 发布技巧和运营借势

1. 带上话题

填写话题的笔记，别人会通过相应的话题看到、搜索到，相比较没有添加话题的笔记，曝光量和阅读会更高。

能不能被推送给精准的粉丝，取决于我们的笔记能不能被平台打上精准的标签。其实话题和正文当中的内容一样能帮助我们获取精准的流量，并且延长笔记的生命周期，但是这一点恰恰被很多人忽视了。

优质的内容可以帮助系统将笔记推送给正确的人，而带上话题的笔记，特别是带上平台想要扶持的话题，推送效果会更好。用户想要了解某方面的话题，就会点进这个话题，你的笔记就会呈现在这个话题的前面，如图5-6所示。

所以只要是笔记的内容和话题有关，那么在发布笔记的时候最好关联这个话题，以此增加被曝光的概率。

第一种，纵向关联。

比如你分享的是一款宝宝用的水杯，那么你就可以带上"水杯""宝宝水杯""宝宝吸管杯"这样的垂直话题，如图5-7所示。

图5-6 小红书话题

第二种，横向关联。

可以增加横向关联的话题，比如带娃神器、高颜值水杯、宝宝用品、分享新手妈妈、母婴好物等，都是我们可以关联的话题，如图5-8所示。

图5-7　纵向关联话题

图5-8　横向关联话题

2. 带上商品

笔记带货是小红书电商发展的必然趋势，小红书笔记挂商品源于以前的号店一体。简单来说就是零门槛开店，但是开店之前必须有账号。对于普通人来讲，只要有一个账号，就可以在小红书上开店，如图 5-9 所示。

图5-9　小红书商品笔记

对于小红书上的普通博主来讲，发布笔记带货无疑是实现了盈利的多元性。在发布笔记的时候添加商品链接，用户阅读笔记之后就可以点击下方链接直接下单。博主就像一个销售，可以获取佣金。所以小红书是这个时代普通人的机会，笔记带货这个功能赋予普通人更多的可能性。

对于商家来讲，笔记带货可以助力商家在平台完成交易闭环，缩短赚钱路径。

3. 评论区的维护

很多人发布笔记之后会有这样的困惑：

为什么别人的笔记评论区那么热闹，而我的笔记评论区却没有评论呢？

为什么我的笔记有点赞有收藏，是个大爆款，却没有人关注我的账号呢？

这里面蕴藏着一些运营技巧，比如在文案当中"埋钩子"。

（1）多回复评论

在小红书的推荐机制当中，评论是一个权重很高的因素。如果有人在评论区发表评论，我们一定要尽量多回复，以此来增加评论的数量。多回复评论也会拉近与粉丝的距离，让粉丝觉得这个博主很接地气。

（2）引导互动

好不容易我们写了一篇笔记，如果只是匆匆忙忙地结束，用户也许只是会觉得这篇笔记很好，看完就退出去了。如果能够在结尾引导提问，最终呈现的效果可能就大不一样。

比如你可以在结尾添加一些问题的引导：

"你最喜欢今天的哪一套穿搭呢？"

"大家还有什么问题，可以告诉我。"

"大家还有什么好用的，也可以推荐给我。"

有争议性的话题更好引导互动。如果你讲的话题比较有争议性，就是公说公有理，婆说婆有理的那种，就可能会激发用户的表达欲。你可以在评论区引导大家一起讨论"大家觉得我这样做对吗？"，也可以在视频当中适当保留一个槽点，这样就会有很多人站出来找毛病，引发用户吐槽，从而带动这篇笔记的数据。

（3）引导访问账号主页

当笔记数据火热的时候，可以在评论区做一些运营的引导动作，引导用户来到你的主页，从而增加你的关注度。

比如可以在评论区回复："这是什么宝藏博主，进去后就出不来了""这位博主的主页也太有价值了，反手就是一个关注"，如图 5-10 所示。

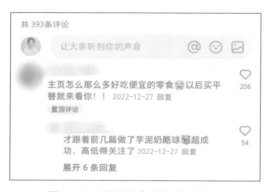

图5-10　引导用户访问账号主页

这个运营的引导动作可以是来自真实用户的评论，也可以是博主自导自演的评论。

5.3　数据分析让流量具有稳定性

没有人不想做爆款，没有人不想让自己的账号稳定。

如何保证账号的稳定性呢？保持内容的稳定性，意味着你发布的每一篇笔记都要朝着高质量的内容制作方向去努力。

保证账号的稳定性，不是靠运气，而是有规律可循的。只有掌握了爆款为什么会爆的底层逻辑，才能持续输出真正"有货"的内容，也才能持续获得用户的关注。

5.3.1　小红书内部数据分析法

为什么有些笔记观看量那么高，点赞量那么多，却没人关注呢？

其实，小红书的点击率并不是越高越好。过高的点击率确实可以吸引更多的关注，赢得更多的曝光，但点击率高并不等于内容好，并不一定带来高的关注和转化。

有一些笔记的高点击率是因为使用了一些引人眼球、诱人点击的封面标题，俗称"标题党"。所以就算封面很好，吸引了大量点击，也会因为内容不够出色而导致关注数据很差。

点击率、互动率、完播率，是衡量一篇笔记质量和影响力的重要指标，也是系统决定是否要将笔记往更大的流量池推荐的决定性因素，如图 5-11 所示。

$$\boxed{爆款} = \boxed{高点击率} + \boxed{高互动率} + \boxed{高完播率}$$

图5-11　小红书爆款指标

1. 点击率

数值越高越好。

新观看量统计定义为 UV，1 个人 1 天内不管点击几次，都只加 1，所以 UV 是按"人"来计算的。

在小红书站外未登录状态下，比如通过微信、PC 浏览器、手机浏览器等途径观看的，都不计入点击量，如图 5-12 所示。

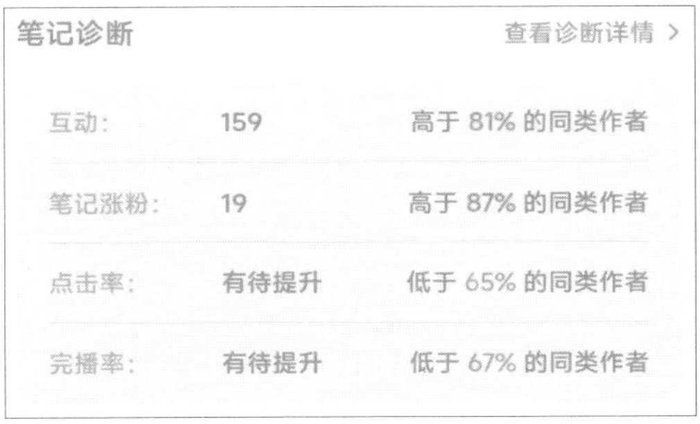

笔记诊断		查看诊断详情 >
互动：	159	高于 81% 的同类作者
笔记涨粉：	19	高于 87% 的同类作者
点击率：	有待提升	低于 65% 的同类作者
完播率：	有待提升	低于 67% 的同类作者

图5-12　点击率

为什么点击率如此重要？因为小红书笔记是系统推荐分发机制，推荐的核心就是点击率和互动率。点击率作为笔记的第一层指标决定其是否能得到系统推荐，进入更大的流量池，而决定点击率的关键是封面和标题。

点击率越高说明封面（标题）越有吸引力。

2. 互动率

互动率是赞藏评的总和。点赞是因为认同，你说到了他的心坎儿上，或者帮他解决了某个问题；收藏是觉得有价值，下次还可以拿出来再看；评论的原因就很多了，可以是引发了共鸣，也可以是引发了争议。如果它们一定要有一个共性，那就是笔记的话题具有可讨论性，如图 5-13 所示。

图5-13　互动率计算方式

互动率的数值越高越好，如图 5-14 所示。

笔记诊断		查看诊断详情 >
互动：	333	高于 92% 的同类作者
笔记涨粉：	57	高于 89% 的同类作者
点击率：	很好	高于 73% 的同类作者
完播率：	很好	高于 92% 的同类作者

图5-14　互动率

提高笔记互动率的关键在于内容。内容饱满有价值，才能够引发用户互动。所以要充分考虑用户的兴趣和需求，创造更有价值的内容，与粉丝积极互动，了解他们的需求和反馈，不断改进自己的内容，才能够吸引到更多的用户点赞和关注。

3. 完播率

短视频的完播率，是指用户在观看一段短视频时，观看到视频结束的比例，通常称为观看完成率。

为什么短视频的完播率如此重要呢？

首先，完播率是衡量短视频制作质量的重要指标。完播率越高，意味着内容越有吸引力和可观性，观众的黏性和忠诚度越强。其次，如果观众能够将视频看完，就会更愿意把短视频分享给亲朋好友，从而扩大了内容的传播范围。

在小红书，被平台推荐的大爆款一定是高点击、高互动、高完播的。

高点击并不意味着内容很好，要文对题，拒绝标题党。一个爆款是各项数据都很爆，将各项数据都做好，笔记的数据才会稳定。

5.3.2　两个数据分析外部网站

1. 千瓜数据

千瓜数据上线于 2019 年，是一款基于小红书平台的数据分析与营销管理工具，是第三方数据平台。主要帮助品牌深入了解市场结构、对比投放、竞品榜单，了解爆品流量规律，把握用户舆论的兴趣点，如图 5-15 所示。

图5-15　千瓜数据

（1）热搜词表

查看小红书相关行业的热搜词细分排名，将热搜词融入文案，可获得更多的曝光和推荐。

（2）热门内容搜索

当我们不知道发什么内容的时候，可以看看热门内容，寻找一下灵感。顺带还可以参与平台活动，搭上平台流量的顺风车。

（3）投放选号

可以帮助品牌和企业快速筛选合适的博主。根据关键词或者昵称内容进行搜索，快速锁定目标人物，了解平台热门内容的规律，更加高效地做出优质内容。

2. 灰豚数据

灰豚数据是专业的短视频、直播数据分析平台，为用户提供准确、高效的数据分析服务，帮助账号实现精细化运营。它的服务已经涵盖抖音、小红书、快手，如图5-16所示。

图5-16　灰豚数据

和千瓜数据一样，它可以查看不同层级的账号情况，帮助商家和广告主快速筛选优质博主，实现精准对接。大家可以根据自己的情况决定是否成为会员，比较而言灰豚数据费用更便宜。

5.4　如何降低账号的运营风险？

知道哪些事情能做，哪些事情不能做，就可以大概率地避开运营雷区，降低账号的运营风险。

5.4.1　如何避开运营雷区？

1. 第一坑：刷赞，刷数据

在运营小红书过程中，有人说小红书需要"冷启动"，而有些人迫于公司压力，会铤而走险花钱去买播放量、刷点赞和粉丝。实际上，小红书做检测时不仅会看点赞、收藏数据，还要看这个用户行为是否正常。刷数据这种做法有风险，容易捡了芝麻丢了西瓜。

当一篇笔记发出去之后，平台会根据其内容质量，也就是观众的反馈（点赞、收藏、评论数据）来决定是否要将它推荐给下一波流量池，系统会不断完善内容审核的过程。

如果你为了数据而进行人工干预，就会影响系统给笔记打标签，进而影响系统对这篇笔记的内容测试。也许这样做会使你的单篇笔记数据还不错，但你的账号爆文就会变得非常不确定。更要命的是，刷赞很容易被清理和封号。

2. 第二坑：私信引流

为什么在小红书私信引流会被限流？那是因为小红书是依靠 UGC 内容种草起家的平台，大家会在这个平台分享自己买过的、用过的好物，粉丝和用户看到之后就会私信你，或者在评论区提问：

"有链接吗？在哪里买？"

"亲，你的微信是多少？"

"怎么联系？"

……

现在的小红书已经成了商家创建品牌、带货宣传的必争之地，不允许用户将本平台的客户引流到其他平台，为此出台了各种防引流的机制和措施。可以想象，小红书辛苦经营起来的用户被导流到其他平台，并且还是不花钱的那种，那平台肯定会对这样的账号进行限制。

小红书的私信当中是不允许夹带任何联系方式的，尽管有人尝试用表情、图片等方式来代替数字，但这种方式完全可以被系统检测出来。

还有人在简介位置放微信号，企图把用户引导到其他平台，在某种程度上这样做也是会被限流的。所以劝告大家一定要遵守小红书的规定，一次两次逃避检测可能不会被发现或处理，但如果系统多次检测到你的私信、评论中有引流信息，就可能会给予你限流或者禁言处理。

5.4.2　什么是限流？

在小红书平台，无论是企业还是普通博主，对限流这个词都不会陌生。

为什么大家觉得特别容易被限流呢？

那是因为小红书是一个内容分享种草平台，好物分享内容很容易被审核人员判定为广告，这算是误伤。

再加上小红书平台禁止用户导流行为，所以在内容审核时宁可错杀一百不会放过一个，由此导致很多账号被限流。

很多人在运营小红书的过程中发现内容数据不好，就会觉得自己被限流了。那如何判定是真的被限流还是内容不好呢？可以通过以下两种方法初步判定。

第一，平台明确给你发站内信，告诉你已经违规或者被限流，如图5-17所示。

第二，当你发现你的一篇笔记发布前一个小时还在以几十个赞、几百个赞往上涨，后面突然没有了点赞，观看量也不涨了，那大概率是被限流了。

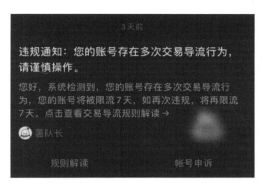

图5-17　违规通知站内信

限流又可以分为两种情况。

1. 账号限流

如何判定是账号限流了呢？如果你发现自己的多篇笔记在主页搜索都不能获得正常的曝光和展示，或者如果前一个小时账号数据还有几十、上百个点赞，后面好几个小时没有点赞，或者只有几个点赞，那大概率是账号被整体限流了。

更有严重的，无论你发多少篇笔记，笔记的观看量几乎都是 0，这个时候就需要检查一下自己的问题：

（1）头像有没有违规的内容和广告？违规头像很容易被系统识别出来，二维码、微信号一律都不允许添加。

（2）简介里是否带有手机号或者微信号？

（3）有没有在私信中过多地发布引流消息？

（4）最近发布的内容中营销内容是否很多？

想要解除账号限流，应该这么做：

·停止一切违规操作；

·正常发布笔记，不要有违规行为；

·养号，重新申请审核。

2. 单篇笔记限流

单篇笔记违规，不会影响到账号整体的流量，平台只会对单篇笔记限流。如果你发现有以下两种情况，大概率是单篇笔记被限流了：

（1）单篇笔记没有首页推荐流量，流量均来自粉丝。

（2）单篇笔记发出去之后，粉丝看不到，没有展示在自己的账号主页。

如果只是单篇笔记被限流，那么只需要修改或者隐藏、删除这篇笔记即可。

5.4.3 平台官方账号，小红书是一场开卷考试

无论做哪个平台，熟悉平台的规则、方向、调性很重要。小红书上有很多官方账号，与你的赛道相关的账号都可以关注。关注平台官方账号，可以第一时间知道相关的活动内容，并且报名参加，获取平台的流量扶持，还可以了解平台最新的规则，避免违规。

1. 平台官方账号

（1）通用类官方账号，如图 5-18 所示。

· 薯队长

· 薯管家

· 薯条小助手

· 商家薯

· 直播薯

（2）垂直类官方账号

图5-18 通用类官方账号

比如日常薯、生活薯、校园薯、知识薯、游戏薯、音乐薯、视频薯、城市情报官、潮流薯、时尚薯、美妆薯、汽车薯、运动薯、摄影薯、宠物薯等，如图 5-19 所示。

小红书每一个垂直赛道都有一个官方薯，用来发布运营技巧和内容激励政策。

商家只需要根据平台要求发布任意一篇笔记，带上相应的话题，就可以获得流量扶持、薯条奖励等。

图5-19 垂直类官方账号

2. 视频号

无论长视频还是短视频，本质上没有差别。在小红书上，视频号是给优质视频创作者的一个身份。

（1）创作者中心数据开放

对视频创作者开放视频数据，方便创作者随时了解、随时调整，如图5-20所示。

（2）视频合集

这个功能可以帮助创作者进行内容分类，更好地管理和规划自己的内容方向，用户也能更方便地查找和浏览内容，如图5-21所示。

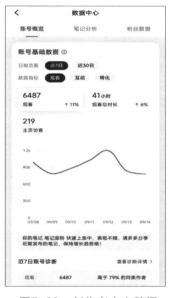

图5-20　创作者中心数据　　　　图5-21　视频合集

（3）支持15分钟

发布视频的时长调整为最长15分钟，突破以往普通创作者只有5分钟时长的限制。

（4）流量奖励

只要认真参与平台活动，平台就会依据视频的内容质量综合评判，给予一定的流量曝光和成长助推，如图5-22所示。

图5-22　流量奖励

3. 专业号

小红书账号有两大类，一类是非专业号，一类是专业号。专业号是在小红书上进行商业化营销的门票。

个体认证专业号之后，可以在小红书平台开店，或者与广告主合作赚取广告收益。

企业或者商家申请专业号，就获得了在小红书上实施商业行为的身份证明。可以在小红书上开设店铺，为线下门店引流，还可以邀请优质的博主种草产品、合作、直播带货，申请专业号的步骤如图5-23所示，在App的左上角三条杠处点击"创作中心"—"更多服务"—"开通专业号"。

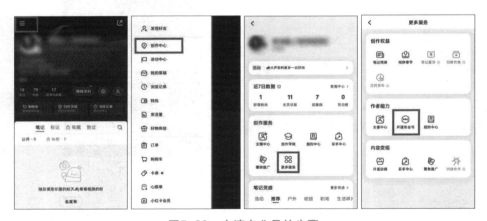

图5-23　申请专业号的步骤

小红书

第 6 章

蓝 V 账号
在运营上的独特之处

6.1　小红书的账号类型

6.1.1　大众对蓝V账号的认知误区

"听说开了蓝 V 会被限流！"

这种情况是完全不存在的。申请蓝 V 相当于做了资质上的认证，告诉平台你是一家正规公司。你给平台交了钱，它还要限制你的流量，这说不过去。

很多人去开通蓝 V 账号，就是听说蓝 V 账号可以发一些营销属性比较强的广告，但是开通了蓝 V 账号之后却发现流量反而下降了很多。

不限流，不代表它一定会给你推流，推流的前提还是看你是否能给平台带来一定的价值。

想要搞清楚为什么蓝 V 账号涨粉难、数据差，首先得看蓝 V 账号的缺点。

在大众印象中，蓝 V 账号就像一个发广告的账号，对于大部分人来讲，是以 KOL 和 KOC 为主导的。小红书是一个内容分享平台，用户天生抗拒看广告，没有人会关注一个广告账号。因此蓝 V 账号即便把内容发出去，不被限流，还是会出现涨粉难、数据差的问题。

蓝 V 账号的作品发出去，观众觉得你的内容根本就是广告，互动差，就会导致不被推荐，进不了下一个流量池。

其实从本质上看，流量好不好，取决于你的内容是否吸引人。

我们也能看到，有些蓝 V 账号数据很好，粉丝黏性高，转化也很强。这是因为这些账号在前期花了很长时间做定位和规划，在操盘手或团队协助下做出了用户感兴趣的内容和选题，既符合企业形象，又能够给观众带来价值，所以流量会好很多。

蓝 V 账号的缺点就体现在观众的刻板印象上，针对此可以通过优质内容输出消除坏印象。

6.1.2　蓝V、个人账号、红V账号的区别

经过平台不断的调整，小红书上的账号现在只有专业号和非专业号两大类。

非专业号就是不需要身份认证的普通账号；专业号是普通账号的升级版本，包含企业专业号和个人专业号两种。不同类型的专业号可以享受不同的权益，拥有独特的身份标志，可以更高效地与用户连接，更精准地实现流量转化，如表6-1所示。

表6-1　不同类型账号的区别

类型	账号区别和权益	申请条件
非专业号	就是之前的个人号，不需要身份认证，账号权益保持不变	一个手机号只能申请一个非专业号
个人专业号	可以查看数据，在小红书开薯店； 有在平台直播带货和笔记带货的一切权限； 专业号类似于在平台通行的身份证	一个专业号匹配一个身份认证； 适合普通个体，各类以兴趣导向为身份的博主，比如美妆博主、健身博主等，认证费用为0，不需要提供任何证明
企业专业号	同个人专业号一样，拥有在平台营销的一切权限； 同时功能更加多元，适合大中小型商家或品牌企业，比如水果店、服装品牌、教育机构等	企业类型认证蓝V，费用为600元/年
机构账号	适用于非营利性的组织机构，比如新闻媒体、广播电视台等	机构申请步骤：App主页"我"—"设置"—"账号与安全"—"平台认证"—"机构认证"
红V账号	明星名人	现在的个人职业资质认证已经不展示红V，红V标志由平台根据用户情况实行邀请制，不支持用户主动申请

6.1.3　升级专业号的步骤

企业专业号和个人专业号，可以在手机端和电脑端自主申请，具体步骤如下所述。

1.申请认证

（1）手机端

小红书主页—左上角侧边栏—"创作者中心"—"更多服务"—"成为

专业号"，如图 6-1 所示。

图6-1　申请专业号

（2）PC 端

登录 http://pro.xiaohongshu.com，升级专业号。

2. 进行身份认证和资质认证

按照系统提示填写相关信息，如图 6-2 所示。

图6-2　填写认证信息

6.2　蓝V账号在运营上的独特优势

蓝 V 企业、商家只有和平台相互依存才能双赢。在运营上，小红书对蓝 V 有了更多的功能上的扶持，用好蓝 V 好处很多。

6.2.1　平台与商家共赢

为什么越来越多的企业都在开通蓝 V 账号？因为以企业身份入驻有很多好处。小红书作为一个流量的风口，不仅给用户带来了有价值的信息，更给企业和商家带来了无限商机。

1. 拉动成交销售

用户流量即商机，无论是扩大品牌影响力，还是直接引导客户，最终还要看用户在哪里。

首先，经营好自己的账号可以直接卖货。在小红书打造品效合一的营销闭环，观众的体验更加直接和便捷，可以激发用户的深度互动与转化，在平台完成商业闭环。

其次，引流到线下成交。虽然自媒体平台卖货越来越流行，但不是任何东西都可以在平台上直接交付的。做好线上账号，可以引导更多人到线下实体店成交。

2. 降低营销成本

自媒体是营销推广的省钱利器。一篇好的小红书笔记极有可能被成千上万人看到，甚至可以轻松获得百万人点击阅读。超高的点击率和曝光可能会让你的业绩增长 10 倍都不止。特别是那些客单价很高的品牌，在线下获客的成本很高，而在小红书引流获客的成本则远远低于线下。

3. 认知传播，积累品牌资产

企业的自营账号相当于"喉舌"，掌握着自身向外界宣传的主动权。一旦面临品牌或者公关危机，有第一时间回应的机会和窗口。

传递理念，塑造品牌形象，可以说自媒体是当下传统企业转型的标配。

4. 增强用户感知，积累用户资产

一条视频包含的信息远远超过文字和图片，而且短视频短小精悍，更符合大众利用碎片化时间随时观看的习惯。短视频可以全方位展示品牌和理念，传递温度，拉近与消费者之间的距离，快速获得认同。只要用户主动成为粉丝，就有可能在某个时刻下单。

那么，平台希望商家入驻吗？

当然希望。因为商家能和平台一起，共同完成商业化的目标。

2023 年 8 月 24 日，小红书 COO 柯南在 link 电商伙伴中"买手时代已来"的主题会谈上表示，小红书买手、主理人、商家已经成为小红书电商的关键角色。她希望商家和用户能够来平台开店卖货，并且在大会上明确提出要给予商家 500 亿的流量扶持，帮助他们更好地在小红书上经营。

这一次发声让我们看到，小红书在商业化道路上越来越坚定，小红书电商时代拉开序幕。从种草到拔草完成商业闭环，这是小红书社区商业化的战略推进。

数据显示，站内每天有求购意图的用户将近 4000 万，有求链接、求购买等相关评论将近 300 万条，搜索与购物决策相关的内容占比高达 87%。2022 年 2 月到 2023 年 8 月以来，小红书的购买用户数增长 12 倍，动销商家数增长 10 倍，各种数据表明小红书用户购物需求旺盛。

小红书在告诉大家，它和其他平台很不一样，并且小红书的 CEO 明确表示，未来小红书在电商方面会持续投入，邀请更多买手、商家、企业品牌加入，共同构建一个更加繁荣的电商生态。

6.2.2 功能多元

区别于其他账号，小红书蓝 V 账号被平台赋予更多功能，这些功能会让运营效果事半功倍，如图 6-3 所示。

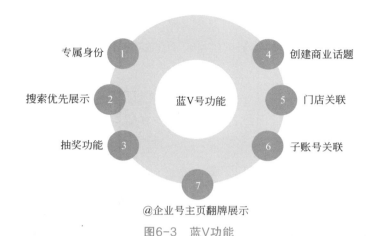

图6-3　蓝V功能

1. 专属身份

企业专业号和个人专业号在外观上的区别是标志，通过蓝V[如图6-4(b)所示]认证的企业号在发布推广信息时，可以加强用户的认知和信任。

（a）　　　　　　　　　　　　（b）

图6-4　个人号与企业号的区别

2. 搜索优先展现

认证为企业账号之后，在主页搜索企业号，就能够在结果页面置顶推荐，并且有显眼的蓝V标志，更容易吸引用户关注，从而更高效地触达潜在用户，提升账号曝光度，如图6-5所示。

3. 抽奖功能

只要满足条件，无论企业还是个人都可以发布抽奖笔记，用来提升用户黏性，拉近与用户之间的距离。个人专业号每月可创建一篇抽奖笔记，企业专业号每月可创建 3 篇抽奖笔记。抽奖笔记如图 6-6 所示。

图6-5　优先展示　　　　　　　图6-6　抽奖笔记

4. 创建商业话题

我们发布笔记的时候，往往会寻找热度高的话题，但有时候也会遇到没有适合自己调性的话题的情况。这个时候，企业号就比个人号更有优势。因为每个企业身份的专业号，都可以免费申请一个商业话题，话题还可以与企业号绑定，展示在主页上。这就是为企业量身定做的话题，如图 6-7 所示。

5. 门店关联

企业号能够在主页展示线下门店信息，一旦线下门店与企业号关联成功，就可以顺利地将线上流量引到线下，为线下门店带来客源。

6. 子账号关联

个人账号可不可以不开店就带货？

当然可以。企业账号可以向个人账号发出邀请，将个人账号和企业账号进行关联，以此增加店铺的流量入口。子母账号相互配合，子账号做分享，母账号做经营，一起打造更加丰满的品牌形象，如图6-8所示。

图6-7　创建商业话题

图6-8　子账号关联

7. @ 企业号主页翻牌展示

企业号可以在后台挑选用户和达人 @ 自己发布的笔记，将优质内容展示到主页，在合理利用双方流量的同时展现账号热度，增强用户黏性，如图 6-9 所示。

图6-9　主页翻牌展示

6.2.3　公信力强

蓝 V 认证在小红书上是一种身份的标志，会让用户更加放心地关注账号，与账号互动，提高用户对账号的信任度。

蓝 V 是用营业执照在平台认证过的账号，也就是有小红书信用背书的。如果将小红书比喻为一个商场，蓝 V 就相当于这个商场的一个正规门面，你可以在这里卖货，宣传自己的产品。因为你卖的是自家的产品，"安保人员"是允许的，不会对你的账号限流。

而如果是个人账号去做营销内容，就好像在商场里走动叫卖的商家，由于平台没有办法监控你的产品质量，一旦发生售后也很难找到你，所以干脆不让你发有营销内容的笔记。安保人员会不断地赶你走。如果你屡教不改，就会被限流或者封号。

6.3　企业品牌如何摆脱冰冷的形象？

品牌自媒体如果不能发挥应有的作用，就会适得其反。部分企业根本没想做真正的自媒体，他们只不过在平台注册了一个又一个账号，开发了一个又一个广告发布窗口，把自媒体当作企业的"内刊"，单向输出老板讲话、获奖推文，这些和消费者毫无关系。

人们习惯性认为企业账号就是来卖东西的，所以很难去关注一个只发广告信息的企业账号。但是内容输出是可以调整的，形象也是可以设定的，怎样让企业账号像个人账号一样有温度、人格化，这才是企业账号应该思考和解决的问题。

6.3.1　人格化运营，让账号更有温度

1. 什么是人格化？

人格化就是让用户觉得"人与人之间在互动"，而不是"单向的机器输出"，就是要和你的粉丝建立关系。人格化可以有很多方式。

首先，可以打造行业专家人设，以专家视角输出内容干货。

其次，可以打造品牌小编人设，增加与粉丝的互动，拉近与粉丝的距离。

还可以成为粉丝的朋友，与粉丝平等交流。

2. 传递品牌温度

企业号不是冰冷的机器，可以把它当成一个生动的人。

如何让用户感受到账号背后的人设呢？首先就是让对方感受到你的性格，这些人设可以体现在封面、标题、文案、评论等各方面。

（1）案例拆解一

比如盼盼饮料官方账号，就因为老板不合理的KPI要求而引发了一场涨粉活动，如图6-10所示。

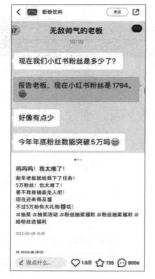

图6-10　案例一

标题：呜呜呜，我太难了！

借用个人情绪性的表达引发用户好奇：到底发生了什么事呢？于是好奇心强的人会点开标题。

封面：直接用微信截图一问一答的方式还原最真实的对话场景，让粉丝在点开笔记之前就会有一个预判，猜测这个对话当中肯定讲明了情况，于是在好奇心驱使之下，普通人的带入感已经很强了！

内容：简单清晰描述问题，"如果完不成任务，小编就会卷铺盖走人"。表示如果大家能够帮他完成这个任务，一切还能来得及。但是光靠卖惨还不足以打动很多人点一个关注，于是最关键的信息来了："5万粉丝有大奖！"就此引发了网友的热烈讨论。

评论区：

根据热评来决定大奖是什么，引起网友跟风热评，给自己的笔记增加了不少流量，带动涨粉效果明显。

（2）案例拆解二

蜜雪冰城雪王，在小红书已经有178万粉丝。

蜜雪冰城走的是剧情加动画路线，账号的主人公雪王被赋予了人类的情感，他有优点也有小缺点，像一个情感复杂的大学生，他的一举一动让大学生产生了共情，如图6-11所示。

图6-11 案例二

该账号从年轻用户的日常生活工作、恋爱社交寻找选题，主动玩梗、跟热点，找准"梗"当中的情绪点进行放大，组成多篇笔记。

3. 增强用户黏性

企业号看似高高在上，但又好像朋友在身边，与粉丝建立良好的关系，让粉丝在账号上获得更多的情绪体验，这才是解决粉丝黏性问题的最好办法。

（1）化虚为实

企业账号用普通方式与用户互动，从用户角度来看，企业账号是没有温度的、不可交心的，他会让粉丝对企业账号的距离感受越来越远。那么如何回应才能让粉丝有一种"我面对的是一个活生生的，能够触摸的人"的感觉呢？

方法就是让账号具有人物属性，比如扫描全能王的评论区：

"劝了，老板让我滚"用这样的文案来回应网友的调侃，单条笔记点赞达到4.9万。善于玩梗和自嘲的品牌气质让全能扫描王在小红书收获了很多好评，如图 6-12 所示。

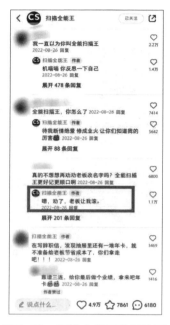

图6-12　扫描全能王的评论区

（2）化取为予

相比单纯的硬广，软广的效果当然更好。如何让硬广变软广？方法是注重给用户发福利，通过发福利来增加用户的黏性，如图 6-13 所示。

新学期抽奖，佳能G3836打印机前来报到！
♡ 5584

金典x揽巡 | iPhone iPad
祝你开学快乐
♡ 7000

🔥官宣 | 小奥汀 × 线条小狗联名彩妆来啦！
♡ 2163

图6-13　笔记抽奖

企业专业号每月可以有3次抽奖活动，包括和其他品牌的联名活动。

在品牌选择上，可以选自家产品，也可以选用户喜欢的产品。

老乡鸡每个月招募2位粉丝担任小红鸡的助理，月薪1万元。单篇笔记获得近5万次点赞，以招聘名义发起抽奖，既能够给自己的品牌增加曝光和涨粉，还能增加与用户的黏性，如图6-14所示。

图6-14　老乡鸡抽奖

老乡鸡每个月付出2万元的成本，让用户感受到了品牌的大方和豪气。在利益驱使之下，源源不断的评论和涨粉为这个品牌做了很好的营销传播。

通过这些案例可以看到，企业账号也可以有温度，也可以和用户打成一片。最终和粉丝建立起一种亲密关系，这才算是企业账号走在了正确的运营道路上。

6.3.2　找对记忆点，让用户记住你

1. 找一个突出的点

账号定位的记忆点越多越好吗？

当然不是。

一般一个视频能够被用户记住的记忆点只有 2 ～ 3 个，甚至只有 1 个。要找到那个最突出的点，加以人格化、IP 化。

人格化 IP 的打造会让品牌更接地气，更加人性化。未来线上商业模式都是围绕人来展开的，人与人之间的情感链接能够有效消除交易障碍，增加人设会让用户印象深刻并且快速接受。打造人设有两大好处：

第一，增加辨识度。在面对同质化内容情况下，用户能够一眼认出你。

第二，增加粉丝的关注和黏性。当你的忠实粉丝喜欢你的时候，你做什么说什么都是对的，所以人设可以吸引那些志同道合的粉丝。

2. 搭配产品特点和故事体现权威性

企业账号在自媒体平台发布内容，最终的目的是推广自己的产品和品牌。可以适当发布一些笔记，讲述自己的品牌故事，以及创始人倾注于这个品牌的情感。

比如"它香咖啡"这个品牌在小红书布局了两个账号，一个企业号，一个个人号，如图 6-15 所示。

图6-15　它香咖啡的企业号（左）和个人号（右）

创始人账号"香叔咖啡研究所"的简介突出了"从业 15 年、走遍 32 产区的咖啡厅的老板"，并在个人简介 @ 企业账号，在头像和部分笔记当中真人出镜，和企业账号联动。创始人出镜，讲述从业十多年用心创造咖啡品牌的故事，营销效果翻倍。

我的学员艺萱在珠宝饰品行业线上创业 7 年，如图 6-16 所示。

图6-16　学员笔记

　　她在小红书发布的图文笔记中讲述了自己的从业经验和创立品牌的理念，体现自己的价值主张，她的"匠人精神"赢得了很多粉丝的青睐。

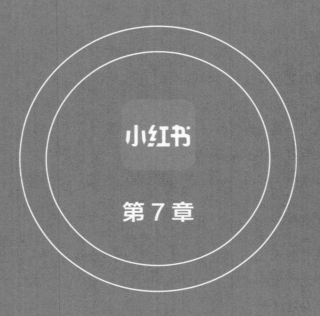

小红书

第 7 章

扭转思维，
小红书制胜的黄金法则

7.1　扮演自己，突破认知

古典老师说："人和环境总是在动态匹配、互相适应，你很难一下子就够到你的想法，但是你可以跟你的环境相互匹配，共同成长。"

做自媒体的第一步就是要观察了解自己，回到自己身上，明确自己的定位，清楚自己的优势，进而放大自己。

的确，在这个全民皆可做自媒体的时代，每个人都可以写写东西，在网上发表自己的观点，并不需要有极强的专业能力。但是切记，不要盲目地开始，用户是变动的，你也是变动的，要边做边迭代。

7.1.1　定位思维：为什么会的很多，还是不知道怎么做？

有一个在小红书更新国学的女生，她的账号已经达到了 5000 名粉丝。虽然数据很不错，但她却没有挣到钱，并且她感觉自己快要被掏空了，有心无力。为什么会这样呢？

因为喜欢和擅长本质上是两码事。

如果我问你喜欢什么，你肯定会如数家珍；如果我问你擅长什么，你肯定需要思考一下。因为擅长更多的是一种客观评价，需要你对某些东西比较了解，做起来得心应手。而喜欢，它是一种主观感受，每个人都有自己的爱好，很多人误以为自己喜欢的就是擅长的。但其实，你可能喜欢一件事，可你做得未必比别人好。

喜欢的不一定擅长，擅长的不一定喜欢。

我们要做的就是区分擅长和喜欢，让自己擅长的事情发挥最大价值。

喜欢像加法，擅长像乘法。

（1）加法就是互补和学习

"加"表达了互补与学习的重要性，在不同阶段或情况下，互补和学习可能具有不同的优先级。我们生活在广阔的宇宙中，不可能掌握所有知识和技能。幸运的是，我们生活的时代是一个多元化的价值共存的时代。

因此，我们可以换个思路，通过学习来弥补自己缺乏的能力，不断提升自己。

毕竟，借用已有资源比创造新的资源更加高效，我们也可以借助他人的力量实现自己的目标。当然，仅仅依靠借用是不够的，真正的核心竞争力是无法借来的，要提高核心竞争力，我们需要依靠自己的能力和技能，没有所谓的捷径能够比既擅长又热爱某件事离成功更近！

（2）擅长就是被需要

在现实生活中，往往那些极端者更容易胜出。极端就像乘法，乘法就是不但擅长而且做得好。

我最喜欢的中文科普作家万维刚老师曾说："真正的赢家，靠的不是各方面都还不错，而是一方面特别突出。"但很可惜的是，在学校里，我们的老师总是给我们灌输一个观点，那就是不要偏科，而家长也总喜欢告诫我们要学会取长补短。

而在这个世界上，真正的顶尖者，通常有极其严重的"偏科"行为，正为因为他们在某一方面的钻研达到了极致的程度，才取得了常人难以企及的成就。

你好好想一下，真正能在大学里为你加分的，肯定不是你的平均分数不错，而是你在某一方面特别擅长！

朱德庸就是这样一个25岁就红透台湾的漫画家。在童年时期，他的老师曾经毒舌地将他比喻为"一个四季豆"，说他"永远不会发芽"。所幸他的父亲一直相信他、鼓励他。

我想说的是，与其把精力放在短板上，不如把精力放在长板上，如此成功的难度会低很多。

在互联网时代，你完全可以放大自己的特点和古怪之处。你可能腿粗一些，声音听起来不那么好听，但又怎样？这些特点反而会成为你的独特标志。要知道，当太阳高悬的时候，没人会关注它上面的黑斑。

9+9=18，9×9=81，从加法中找到乘法，这是人生幸事。找到自己的专长和价值，千方百计地持续做好就行了。

我们并非人民币，无法让每个人都喜欢；我们也没有万能的本领，不可能让每件事都令人满意。坚守"定位"与"聚焦"，树立"少即是多"的理念。

找到自己擅长的，你内心愿意去做，哪怕不给报酬也愿意去做的事情。

7.1.2　迭代思维：穿越自媒体，黑洞期要经历多久才能做起来一个账号？

如果你做自媒体，连续发布一个月内容，点赞都不到 10 个，你还能坚持吗？我相信有些人会坚持。

但是如果让你连续发半年都没有数据，你还会坚持吗？我相信能坚持的人数会少很多。

究竟是先看见才会相信，还是先相信才会看见呢？许多人认为：因为看见了，所以才会相信。他们常说，之所以采取某种行动，是因为知道这种行为是可行的，因为看见了。

这种说法没错，许多人不敢全心全意去做一件事，是因为他们无法确定在投入一两年的努力后是否真的有收获，他们害怕辛苦付出却得不到回报。因为没有看到，所以不相信；因为不相信，所以行动上打了折扣。

我要说的是第二种观点：因为相信，所以才会看见。

这是马云提出的一个观点。生活充满不确定性，如果你不相信一件美好的事情会发生在你的生活中，那它就不会发生。因为你不相信，你就不会全心全意地投入，因此它就真的不会发生。

但是自媒体不相信盲目的相信，只有"迭代"才是制胜的黄金法则！

1. 多数的失败，源自于一开始都希望做得很完美，而从未想过迭代

什么叫迭代思维？

迭代，在《汉语词典》里的解释是"更相代替"。比如，从版本 1.01 到版本 1.02 就是一次迭代。相较于传统商业创新过程，迭代思维充分展现了互联网企业的优势。迭代的目标可能是不确定的，主要是为了试探用户的反馈，并发现新的市场机会。

迭代的周期也较为灵活，有问题随时解决，没有问题就进行细节优化，以提升用户的体验感。

事实上，着眼于细节、大胆尝试和容错的观点并不是新颖的，胡适曾说过一句话"大胆尝试，小心求证"，表达了相同的道理。

就像苹果推出 3GS、4、4S、5、5S、11、12……一样，这种方法被称为迭代。我们无法事先确定所有的风险，能做的是评估当前的一步是否可行，然后迅速关注下一步，采用快速迭代、试错和修改的策略，以小步快跑的方式前进。

没有完美的人，只有不断完成的事。再牛的大佬也是迭代出来的，只是他们迭代的速度更快。

为什么会有那么多人患上拖延症呢？其中一个原因是他们渴望一步到位，追求完美。因为不能做到完美，所以他们宁愿什么都不做。然而，在迭代思维中，最重要的是迈出第一步，先干起来。

拖延症是迭代思维最大的敌人，是成功道路上的绊脚石，而那些成功的人中，又有几个是拖延症患者呢？

《战胜拖延症》一书中谈道："拖延是对生活本身无所适从的问题，当拖延目标时，我们是自己最大的敌人。"

告诉自己，凡事必须先干起来，然后才有机会改进，这也是迭代思维的核心所在。

2. 在迭代中持续改善

持续改善是一种管理理念，起源于丰田汽车公司，并在日本企业中得到广泛应用。它强调在每个岗位上的员工，应时刻思考如何做得更好、如何改善，并对公司的任何工作都有发现问题并提出改善建议的责任。

具体而言，这体现在"改善提案活动"中，丰田称之为"QC 故事"，即质量控制改善故事。

持续改善的理念与海因里希法则呈反向关系。

海因里希法则是由美国著名安全工程师海因里希提出的 300∶29∶1 法则，该法则指出：在机械生产过程中，每发生 330 起意外事件，有 300 起不会导致人员伤害，有29起会导致人员轻伤，有1起会导致人员重伤或死亡。而持续改善则是反向的海因里希法则，其含义是，在每330次的改善中，将包含300次小规模的改善、29次中等规模的改善，以及1次重大创新。

持续改善，"就是重复同样的动作，每做一次都能做得比上一次更好，并能够说出好在哪里。"我们做小红书、做自媒体同样如此。

华与华的管理顾问讲了一个精神，我们称之为"大阪商人精神"或"一分钱主义"——"大阪商人会立即采取行动，只要有一种方法可以多赚一分钱，他们首先将精力放在赚取这一分钱上，而不是思考如何赚取更多钱，这是下一步的事情。没有所谓的'完美'方案，只有持续改善的方案。"

很多人总觉得自己还没准备好，于是继续准备，结果半年过去了，还是没准备好；一年过去了，仍在原地打转。

最后再送大家一句话：只有坚持，没有迭代，会死得更快；有了坚持，有了迭代，会走得更远。

7.1.3 运营思维，凭什么随便招一个运营，就希望Ta能帮你拿到结果？

其实，一些企业压根没有真正做过自媒体，他们只不过是在自媒体平台开了一个又一个发广告的窗口而已。自媒体的本质是发布自己的观点、见解和经验，以个人魅力吸引人群聚集，进而不断经营这群人。

1. 代运营

许多大型企业希望拥有自己的新媒体矩阵，或者让自己的官方账号看起来不像传统的营销账号。然而，实际情况是，能够做好内容的甲方非常少，即使他们聘请了专业广告公司，或者将内容创作业务外包给大型专业团队，成功案例也寥寥无几。

做出一篇优质内容难吗？准确地说，让一个人来做并不难，但如果让一群人来共同决策，几乎是不可能的。要想持续产出优质内容，甲方需要关注整个公司是否有适宜培育内容的土壤，是否有从高层到中层再到内容创作者的工作流程。

2. 招一个实习生或者让员工代做

经常有老板来咨询："星河老师，为什么我们做了好几个矩阵账号，数据依然起不来？"

我问他："你的账号是专门的运营团队来做的吗？"

他说："交给店里的员工来做的。"

"那有专门留出时间让他来做这件事吗？你们的员工有没有系统学习过自媒体知识？对平台了解吗？"

然后他就笑了。

人的精力是有限的。纵然员工有精力，也是写着领导派下来的命题作文，戴着镣铐跳舞。

撰写内容，需要策划、组织、试错的时间，但公司会给你足够的时间来完善一篇内容吗？并不会。公司还可能认为你在浪费时间。

总是不停地有其他的工作任务打断你的创作，将你思考的时间分割得支离破碎，能够完成工作已经很不错了。即使有能力，并且成功创作出了一篇优秀的内容，领导又能理解吗？恐怕只有极少数老板会关注到你的具体工作并且表示理解。

那么，老板真的了解内容吗？大多数情况下他们并不了解。老板每天忙于分析行业和品牌的未来发展，他们将精力放在如何将投资人的钱花出去、如何寻求品牌市值增长，以及何时在哪里参加活动会议等。他们有多少时间去了解内容？又有多少能力去了解内容？实际上，他们并不需要具备这些技能。

即便老板了解内容，和在一个平台上产出优质内容仍然是两码事。

仅仅注册几个自媒体账号、招聘一些员工、成立一个部门，并不能成功地办好自媒体。如果每个人都可以轻而易举地从事自媒体工作，那么专家这个词就没有存在的必要了。

也不要被互联网上的新词汇迷惑，注册一堆自媒体账号并不能代表你就有了"自媒体矩阵"。

7.2 扮演用户，善于借势

7.2.1 用户思维：为什么越是专业的人越难做好小红书？

很多人这样问我，"我的内容做得越用心、越是专业干货，为什么流量反而越少呢？"

我们都知道，流量是根据算法来推荐的，平台上有无以计数的内容，算法分辨不出哪些是优质内容。唯一对所有博主公平的办法，就是给数据好的内容流量，而专业人士越专业越容易陷入思维囚笼。

1. 专业人士的特点

珠宝饰品博主 A 和 B 处于同一个赛道，A 是在行业摸爬滚打了七八年的专业人士，B 是一个嗅觉灵敏的"00后"。最终的结果是，专业人士 A 珠宝卖不出去，吸引来的全是同行，而那一个什么也不懂的"00后"月入 10 万 +。很多专业人士做自媒体水土不服，非常吃亏。

专业人士，像医生、律师、老师等，非常讲究思维的严谨和表达的准确。其实，更多的人刷手机，追求的是一种爽感。专业人士的内容干货多，太过专业，大家反而不买账。我的视频笔记发出去之后，在评论区引发了很多专业人士的共鸣，如图 7-1 所示。

"因为你的专业和道德感框住了你，导致你的表达过于严谨和枯燥。"每说一句话、表达一个观点，都要思前想后，既耗费时间，传播效果也不好。网络是感性的，需要和用户互动，这就要求专业人士做自媒体时摆脱专家思维、说教者角色，让自己的内容更接地气。

你所讨论的话题过于高端和抽象，匹配不了用户的理解能力，用户不知道你在谈论什么，他们觉得你的言论犹如天方夜谭，自然不会有兴趣去阅读和观看。这种情况类似于对牛弹琴，毫无意义，我们来看看表 7-1 所示的案例。

图7-1　一个视频引发的共鸣

表7-1　对比案例

博主类型	对 比 案 例			
健身博主	1分钟，3个动作练出蜜桃臀	×	蜜桃臀、翘臀的原理	√
穿搭博主	给大家推荐一套显瘦的夏季穿搭	×	微胖穿搭干货，胸大胳膊粗这样穿显瘦20斤	√
美妆博主	今日口红推荐，大牌合集	×	俏皮豆沙色口红，又纯又欲！	√
读书博主	推荐给大家，今年我超喜欢的一本书	×	2022年第35本书，里面每句话都想抄下来	√

　　以上的表述，你会选择点击哪一个呢？作为一个正常的用户，一定会选择后者。你发现没有，有时候不是你的内容出了问题，而是你没有从用户角度与别人共情。所以，越专业、越认真，专业术语用得越多，越做不好自媒体。想做博主的你，不妨换个角度，扮演用户，看看你发布的内容能给别人提供什么价值。

　　2. 自媒体平台用户特点

　　新媒体内容的呈现形式，就注定了它的碎片化和娱乐化属性。可以想象一下，用户使用小红书的场景：

　　上了一天班，回到家又累又烦；或者刚把孩子哄睡，终于有了难得的空闲时间。在这种情况之下，有多少人愿意点开手机，听一些表述枯燥的专业知识？

用户此刻想要的首先是放松，在放松中如果能够学到一些知识自然再好不过。

7.2.2　内容思维：哪些内容才会被广泛传播？

为什么你的内容没人看？首先问自己，这些内容是你擅长的吗？市场真的需要吗？有没有价值？是否简洁？

1. 为什么没人看？

（1）太长，没有价值

首先，所有与定位有关的内容，其最终目标都是提供价值和解决问题。为谁解决问题？这指向了目标受众；解决什么问题？这指向了问题的本质。解决问题的方式是什么？这指向了解决方案。

怎么解决这个问题？具体要看怎么做用户调研。

一定是调研先行，定位在后。只有前期做好充分的市场调研工作，提供强有力的数据支持，才能确保后期定位准确。星河学社的理念之一就是，让数据成为一切动作的指南针。

无论做什么动作都不能拍脑门决定，而是要清楚自己的目标是什么，粉丝在哪里，他们需要什么样的信息。

其次，你是喜欢看长文还是短文呢？是喜欢听人喋喋不休，还是希望说话简单明了，一针见血？

根据我们的经验，你想要告诉读者或者听众什么，就要用最简洁的话来表达，大胆丢弃那些细节。记住，要短一点、再短一点，知识密集一点、再密集一点。

（2）太枯燥

一般来说，拥有千万级阅读量的文本往往具备争议性，评论区两极分化，否则很难吸引超过 10 万＋、百万＋的阅读量。

讲故事是避免表述过于枯燥的方法，一个好故事可以实现很好的传播效果。故事必须具备生动性，塑造引人关注的场景画面。

奇妙的组合不仅可以出现在文本之中，还可以出现在文本与表达者之间的冲突之中，比如小孩说大人话、官员满口江湖腔、劫匪抱怨心累，等等。

2. 用户喜欢看哪些内容？

优质的内容大致分为两种，一种提供实用价值，一种提供情绪价值。实用价值，简单来讲就是对你有用，类似教你投资、教你学英语；情绪价值就是可以慰藉心灵，让人获得喜怒哀乐等丰富的感性体验。

（1）实用价值

无论在哪个平台，有价值的知识都能吸引用户。

想要不断产生价值，就要不断更新内容，特别是原创、优质的内容必不可少，内容本身就是价值。

合集的形式是干货满满的一种内容表现形式。撰写合集需要注意以下几个方面。

首先，合集的数量尽可能多，以确保内容的丰富性。同时，逻辑结构尽量简单明了，使读者易于理解。另外，合集中的内容应呈现清晰的逻辑关系。

此外，合集的内容应涵盖尽可能大的信息量，这样才能吸引用户收藏。许多小红书用户并不会仔细阅读内容，他们往往根据文章的实用性快速做出点赞和收藏的决定，然后留着日后慢慢阅读消化。

（2）情绪价值

作为北京大学法学博士、中国政法大学教授，罗翔入驻 b 站 10 天突破 200 万粉丝，他为什么能够火出圈？法律知识不是应该很枯燥吗？

因为罗翔老师是在用讲故事的方式输出干货，给予用户情绪价值，如图 7-2 所示。

"粪坑案"是一个典型案例，罗翔以幽默

图7-2　罗翔老师

的方式解释了正当防卫和防卫过当。

20世纪80年代的一个冬天，一位女干部在荒郊野外骑车，遭遇歹徒，歹徒欲强暴她。面对这种情况，这位女性的反抗能力很有限，只能假装顺从。她找到一个对歹徒非常合理的借口："大哥，这地方坑洼不平。"歹徒觉得有道理，于是两人找到了一个平坦的冰面，冰面后面恰好有一个粪坑。歹徒高兴地开始脱衣服，然而就在他的双眼被衣物遮住时，女干部突然将他推进了粪坑。

出于求生的本能，歹徒试图爬出粪坑。他爬一次，女干部就踩一脚，叫作"第一滴血"；爬两次，女干部再踩一脚，叫作"帽子戏法"；爬第三次，女干部又踩一脚，叫作"梅花三弄"。最终，歹徒在粪坑里溺亡。

许多人认为，第一脚是正当防卫，第二脚是防卫过当。那什么是正当防卫？什么是防卫过当？

罗翔认为，要区分这两个概念，应采用事前一般人标准，而不是事后理性人标准。也就是说，我们需要将自己置身于当时的情境中，以当事人当时的情况来判断，而不是做事后诸葛亮，用上帝视角评判当事人所采取的行动。

最后，罗翔开玩笑地说："如果你是那个妇女，将歹徒推入粪坑后，他试图爬出来，你会踩吗？肯定会踩，但请在踩的过程中，不要让粪溅到自己身上。"

7.2.3　借势思维：不要创造认知，要借用认知

郭化若将军认为，形即为运动的物质，而势则是物质的运动。我赞同这个观点。运动无处不在，势也同样无处不在。无论何时何地，只要有物质的存在，就会有运动的存在，进而有势的存在。

借势，就是要"造主势""借外势"。

1. 借热点

借热点，制造软文。创作者主动了解热点，找到与自己产品的契合点，写出文章来造势，再诱导吃瓜群众点击、转发、评论，这就是借用外势。

常见的热点事件可以分为可预测的和不可预测的两类。可预测的热点事件包括节日庆祝、电影上映、大型活动等。这些事件具有固定的时间和周期，我们可以预估并制订相应的策划方案，如图7-3所示。

图7-3　热点事件

不可预测的热点事件包括新闻事件、政策变动、明星八卦等。这些事件发生的时间和规模往往无法预测，需要及时跟进和报道。

另外，还有一类热点事件是每隔一段时间会出现的情感需求热点，例如压力释放、权利追求、怀旧等。这些情感需求会随着时间的推移反复出现，对于营销者来说，抓住这些情感需求是推动产品销售和品牌推广的良机。

在制定营销策略时，了解不同类型的热点事件可以帮助我们更好地把握市场需求和用户情感，更有针对性地写出好内容。

2. 自己造势，再借势

首先，盼盼借用老板"一月涨粉5万"的不合理要求，博得粉丝的同情，引导用户关注、点赞。这是借了老板的势。

其次，盼盼公开兑奖，引发其他粉丝羡慕，借用粉丝的势能，使活动形成一个完美的闭环，如图7-4所示。

图7-4　盼盼抽奖活动

3. 借用已有

华杉说，超级符号就是"人原本就记得、熟悉、喜欢的符号"，就是刻在人类基因当中，流传了几千年的东西。很好地去借用这些在人类基因和印象当中，大家原本就熟悉、喜欢或者记得的东西，可以大大降低人的记忆成本和传播成本。

做小红书内容也是一样的，找到一个大家原本就喜欢的特点，才能够降低沟通成本。

每天我们接触的信息实在太多，用户给我们的时间可能不到一秒，喜欢看就停一下，不喜欢看就划走。怎么做才能够让他们对我们的内容感兴趣？

内容太熟悉、太简单，用户会觉得没有任何价值；内容太陌生、太高深，用户不愿意看。所以用户喜欢的永远是陌生又熟悉的东西，比如：

"不要学习临摹，艺考就是一场灾难"

"恭喜我，离婚后终于过上了理想的生活"

……

7.3 扮演品牌，认知进化

要实现营收，闭环至关重要！一般人的思维方式是发散的，就像一棵树一样，将一个事物延伸到另一个事物，没有形成完整的闭环。相比之下，高手往往具备闭环思维，这使得他们的思考更加严密。

闭环思维意味着将各个环节和因果关系连接起来，确保整个过程是流畅和完整的。它可以帮助我们更好地分析和解决问题，因为我们能够看到事物之间的相互作用和影响。

7.3.1 闭环思维：为什么出了爆款也不赚钱？要如何突破？

1. 培养赚钱思维

你知道为什么做出优质内容就会吸引大量流量吗？并不是因为平台给你的特殊推荐，也不是因为博主本身帅气或者美丽，而是因为你的内容击中了用户的痛点。当用户遇到痛点时，他们渴望找到解决方案，简单地关注和加好友并不能解决问题，真正解决问题的是你所提供的产品。

减脂博主小雅在小红书上分享她的减脂心得，她的内容不是泛泛而谈的理论，而是针对不同人的实际案例和解决方案，受到了有减脂需求的用户的欢迎和认可。

仅仅做好内容还不够，我们还需要建立起自己的产品生态系统，提供完整的解决方案。比如减脂专家小雅，可以提供更加个性化和专属的减脂方案。这样一来，她不仅能够分享知识、解决用户痛点，而且能够通过产品实现商业化，为自己和用户创造价值。

有很多做 IP 的博主一开始只注重做内容，等粉丝数量积累到一定程度才开始考虑产品，这种策略的存活期十分有限。应该先关注解决用户的问题，推出解决方案型的产品，然后不断快速优化。同时，要建立一个紧密的反馈体系，与用户保持密切互动，及时解决他们遇到的问题。

要想吸引流量并保持用户的黏性，就需要将内容和产品有机结合，通过解决用户痛点来实现商业价值。只有这样，我们才能在竞争激烈的市场中脱颖而出。

2. 创造产品

商业化运营，通俗来说就是将已有的用户、流量、服务、资源通过一定的形式组合成产品，从而实现盈利的目的。

当涉及具体运营时，很多人面临着一个根本性的问题，那就是缺乏具体的产品或服务，或者说缺乏明确的方向。即使能够吸引一定的流量，也无法有效地将其转化为盈利的机会。这种情况，我做小红书咨询时经常遇见。

有些人只是出于兴趣从事某项活动，有些人只是想尝试一下，还有些人是跟风而行，没有考虑到如何将兴趣转化为可盈利的商业模式。

商业代运营的核心问题是明确产品或服务的独特价值，以及如何满足市场需求并吸引用户。只有理解了核心点，才能在已有的用户、流量、服务和资源上建立起清晰的盈利模式。

产品营收的主要方式有接广告、销售实物产品、服务获利等。

7.3.2　IP思维：为什么要打造个人IP？个人品牌和账号有什么区别？

提到"品牌"这个词，很多人会立刻想到苹果、耐克这样的大品牌。我们可能会好奇，是什么造就了这些公司的品牌价值呢？

品牌不仅是一种承诺，也是一种身份。举个例子，你可能会选择购买一双耐克运动鞋，因为它的广告语"Just Do It"象征着运动员坚持不懈的美好品质；或者你会选择购买一款苹果设备，因为它具备创新性和前瞻性。

"个人IP"对于拥有者来说，是一种能够更轻松地与他人建立联系、建立信任、获得额外价值的无形资产。

个人IP的作用：

（1）低成本获得你想要的人群

个人IP是小范围内的专家，而顶尖的个人IP代表的可能是一家大公司。董明珠、马化腾、樊登，他们都是独立的个体，但却拥有广泛的受众认知和大量的粉丝。这些关注他们的人，无论是直接的还是间接的，都是他们的流量资源。

（2）减少阻力，完成销售前置

一切合作都源自信任，而个人IP的用户信任基于长期的积累与优质的服务。这种信任感，是任何营销手段都无法比拟的。

个人品牌的建立能够塑造你在大众心目中的形象，让粉丝觉得好像你们认识很久了，它有助于与你的听众、追随者、同事、潜在客户以及与你互动的任何人建立信任。此外，建立个人品牌还可以凸显你的真实意图，这对于你和你的受众建立联系是非常重要的。

当人们反复观看你的内容时，他们会与你的内容产生联系，他们可能会认识到你的内容是与之相关且可靠的。当你在你的领域成为一个思想领袖时，你就会成为你的受众值得信赖和依靠的信息来源。

（3）复利价值

个人IP最重要的意义在于复利效应和积累的沉淀。随着时间的推移，个人影响力会螺旋式增长，只有那些真正信任你、黏性强的粉丝，才会愿意为你后续的盈利途径支付费用。

比如，在社交媒体上拥有强大个人品牌的美妆博主，通过分享自己的化妆技巧与心得赢得了一大批忠实粉丝。这些粉丝不仅会关注她的妆容教程，也会购买她推荐的化妆品。这位美妆博主不但通过推广和合作获得了收益，而且还开设线下课程、为品牌做代言，有了更多的赚钱机会。

在这两个例子中，个人IP的积累和粉丝的认可是关键。

7.3.3　植入思维：为什么粉丝没你多，赚钱却比你多？

1. 第一大差异：广告位

粉丝百万却赚不到钱，很可能是真的。如果是纯娱乐、游戏号，即便有很大的粉丝量级，没有广告植入位，PR和品牌投放依旧不会找上门。

广告位实际上就是场景，比方职场 vlog，在工位上放一瓶眼药水，这就是广告位；或者在视频中出现某些产品，产品展示的画面就是广告位。

职场博主要有一个书桌场景，在笔记中露出各式各样的桌面办公周边。

美食博主不要只傻乎乎地教别人一道菜是怎么做的，露出你的厨房电器、锅碗瓢盆，传递你的生活方式，这样才会吸引更多品牌。

vlog 的优势在于广告位多。很多做 vlog 的博主不挣钱，主要是不会留出广告位，结果拍成了流水账。如果你的视频平均点赞量在几百，一周可能还会有一个点赞量上千，那么后台找你合作的商家会源源不断。

2. 第二大差异：产品价值不同，价格就不同

确实，产品的定价是根据市场需求和产品价值来确定的。同样一件产品，不同的解决方案会影响其定价和销售情况。

以陶瓷为例，如果你将其作为茶叶罐来销售，满足人们收纳茶叶的需求，那么它只能以较低的价位，比如 29 元进行销售。但是，如果你将其定位为宠物骨灰盒，满足主人寄托思念情感的需求，那么它的定价就可以更高，比如 2980 元，甚至还不打折。

所以说，产品的定价不仅取决于其本身的功能和材质，更重要的是它的价值。根据消费者对于问题的重视程度和需求的紧迫性，可以确定一个合理的定价。

借助用户已有的认知，给出一个出乎意料又在情理之中的回答，激起人们的好奇心和求知欲，就可以有效地吸引用户并牢牢抓住他们的注意力。

7.4 扮演小红书平台管理者，建立上帝视角

小红书的内容角色，大体分为内容创作者和内容消化者，以此形成良好的社区内容生态。

对内容做好监管、维持社区生态良性发展，就是各大自媒体平台急需解决的问题。而内容创作者需要以商业闭环的上帝视角来看待，从最初的内容曝光到最终的用户转化，建立以平台管理者的全局视角来看待问题的思维方式。

7.4.1　数据思维：流量一直不好，要如何找到可量化的经验？

数据分析在自媒体运营中的重要性不言而喻。在做小红书的过程当中，很多人会陷入流量焦虑：为什么最近流量明显下滑？为什么流量一直上不来？

这时候就需要用数据分析来搞清楚为什么会这样，应该做出怎样的改变。通过分析点击、阅读、互动等各项数据来评估自己所发布的笔记的表现。从数据分析结果可以更好地了解读者需求和兴趣，同时有助于改进和优化内容。

数据分析的三个层次：

首先是数据获取、整理和汇报；

其次是数据加工、问题发现和问题呈现；

最后是通过数据分析产生深刻洞察，并对决策产生影响。

那么，自媒体运营数据分析需要关注哪些方面呢？

曝光量—阅读量—互动率—转化率，我们要做的就是不断优化每一个层级的数据，如图 7-5 所示。

图7-5　影响决策的层次

（1）曝光量：是指在小红书平台上的曝光量。通过分析曝光量，可以了解账号在平台的曝光情况，从而更有效地优化自己的内容和运营策略。

（2）阅读量：是指自媒体账号在搜索引擎中的页面浏览量，以及在社交媒体平台上的页面浏览量。通过分析阅读量，可以了解自媒体账号内容的受欢迎程度，以及自己的内容是否能够吸引更多用户。同时，也可以了解不同用户群体的喜好和需求，从而更好地调整内容。

（3）互动率：是评价笔记是否值得推荐的指标，互动率高的笔记更容易被推荐。通过对高互动率笔记的分析可以总结经验，了解自媒体账号的内容是否能够引起用户的共鸣，是否能够吸引更多用户。同时，也可以了解不同用户群体的喜好和需求，从而更好地调整自己的内容。

（4）转化率：表示自媒体账号的访客或观众实际购买（产生行动）的比例。通过分析转化率，可以评估自媒体账号对用户的吸引力和影响力，以及推广营销策略的有效性。同时，也可以了解不同推广渠道的转化效果，从而更有针对性地优化推广策略。

7.4.2　平台思维：站在小红书产品经理的视角看，内容会不一样吗？

1. 你是不是平台喜欢的那一类人？

我们试着拔高视野，从上帝视角看待小红书，从平台的角度思考，平台喜欢什么样的人？平台最欣赏哪种类型的创作者和内容？

我认为平台最钟爱的人可以分为三类：付费用户、帮助平台盈利的人、为平台创造优质内容的人。

平台也是商业机构，最终目的也是要盈利，吸引付费用户长时间停留，这无疑是平台的终极目标。帮助平台盈利，指的是平台需要优质内容创作者发布更多的优质内容来留住用户、吸引用户，让用户在平台上花费更多时间。能够创造优质内容的人是平台所钟爱的，这样的人将会获得平台的青睐和支持。

那么，平台喜欢什么样的创作者呢？平台欣赏那些能够稳定输出优质内容、不断创新的创作者。

平台还有一个特点，就是会不断推陈出新，以满足用户对新鲜感的需求，避免审美疲劳，这为新加入者提供了机会。

2. 你是否能帮助平台留人拉时长

平台给予你流量的底层逻辑，可以概括为以下几点。

你能够帮助平台吸引并留住观众，甚至能够帮助平台获取新观众，从而延长观众在平台上停留的时间。基于这个原因，平台乐意将流量给你。平台就像一个聚会的舞台，而你就像舞台上一位受欢迎的人，参与者则是你的客户。

当你在平台发布视频时，相当于聚会主办方向你支付的基本报酬。如果你的视频能够吸引更多的观众，他们对你的内容产生兴趣并与你互动，就好像聚会的人们开始聚集在你的周围，与你进行深入交流和互动。

平台会注意到这种活跃度，并给予你更多的流量支持，就像其他参与者开始主动向他们的朋友推荐你，并引导更多人来关注和了解你一样。

当你不断提供有趣、有价值的内容，在平台上建立忠实的观众群体，就像你在社交聚会上建立了一个受欢迎的群体。平台对于这样能够吸引和留住观众的创作者是有好感的，并会提供额外的关注和资源支持，以促进创作者继续成长和发展。

当你成功帮助平台争取到了观众的时间，而这些观众能够耐心地观看完整的视频内容并主动将其分享传播出去，这就意味着你不仅帮助平台留住了观众，还成功与观众建立了心理共鸣（观众认同你的观点并觉得有价值），这样的内容自然会得到更多的流量，相当于额外的奖金。

平台非常欣赏能够稳定输出优质内容并不断创新的创作者，因为这符合平台推陈出新的特点。

3. 你的内容是否能帮助维护平台生态健康平衡

一切不符合小红书内容生态的内容都将不被推荐。

比如夸大、摆拍、虚假分享，以及影响社区氛围良性导向的谩骂、不友好交流等。

小红书的内容审查机制非常严格，只有小红书本身重视平台的内容生态，才能保证社区内容健康良性发展，给创作者和用户提供更好的社区生态。

7.4.3　闭环思维，为什么要从关注粉丝量到关注人的留量？

很多人都认为先要追求一定的关注量，然后才能赚钱。

这种逻辑误导了很多人。我有一个学员，想找一个副业，看到自媒体被热炒，也想尝试一下。他按照大家普遍的做法，先报名上课，学习有关自媒体的基础知识，同时被灌输了不少所谓的"捷径"，比如如何快速获取关注，几天内成为短视频高手，每天收入几千几万，这让他很心动。

他花了几千块钱学习，结果只学到了一个本领——"搬运＋二次创作"，就是从其他地方下载视频，再添加一些文字标题，改变背景音乐，简单剪辑后发布。

非常幸运的是，他发布的两个视频很快就爆火，新增粉丝近 5000 人。对于一个新手来说，这样的数据非常惊人。然而，他既兴奋又困惑，因为他不知道这些粉丝是谁，他们有什么用处，他对粉丝没有任何了解，对于如何盈利感到无所适从。

他没有搞清楚"拥有粉丝和实现盈利是两码事"。粉丝关注你，可能只是因为你的某个视频或某个观点；而盈利需要的是客户，也就是愿意为你付费的人。

有些人在自媒体平台拥有众多粉丝，但却面临难以赚钱的困境，为什么？

粉丝众多代表影响力巨大，发一条内容可以让很多人看到，而难以赚钱的原因在于缺乏信任：虽然粉丝阅读了你的内容，但是这些内容与你的产品无关，所以他们并不想付费。

你要做的，就是将你的内容和你的产品产生关联，给粉丝提供可行的解决办法。

你需要为粉丝提供价值，通过追随你，他们可以实现自己渴望的变身。在视频平台上随意搜索，你会发现许多名校毕业的自媒体人，他们的名字中带有明确的"修炼路径"。例如：×××北大花花聊数学，×××清华小崔老师，复旦土豆讲编程。如果细心聆听他们的内容或在直播中倾听他们的解说，你会发现他们有一个共同的呼吁，"我本来是平凡之人，毫无名校背景，直到有一天，我突然发现了一种×××学习方法，才渐渐变成了今天呈现在你们面前的样貌"。

紧接着，他们会加上一句话，瞬间勾勒画面，让观众产生跟随学习后获得成功的遐想："如今，不要觉得我有多特殊，我同你们很多人一样，来自小地方，和许多普通孩子一样平凡。但因为采用了这种方法，成为你羡慕的模样。今天，如果你的孩子也掌握了这种方法，他们也能成为我这样的人。"

有了目标，有了明确的路径，距离下单就会更进一步。

切忌等待粉丝数量增加后再考虑赚钱，因为一旦需要转型你将会面临巨大困难。作为博主，第一步不仅需要确立定位、选择赛道，还需要考虑营收方式，并梳理整个盈利闭环。将流量转化为留量，不应仅凭热情盲目行动，而要考虑长期目标。

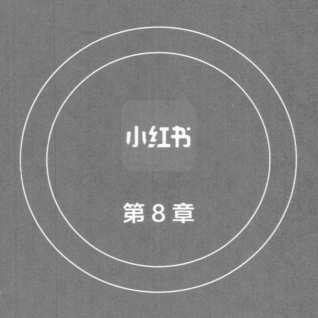

小红书

第 8 章

矩阵搭建，
从一个号到多个号

什么是新媒体矩阵？我认为，新媒体矩阵是一种结合了自媒体传播渠道的组合方式，既可以在广度上横向扩展，也可以在深度上纵向拓展。

横向矩阵方面，可以在多个平台发布内容，比如视频号、微博、头条、小红书、抖音、快手、知乎等。纵向矩阵方面，则是选择一个目标群体重叠度较高或流量较大的平台，着重做精一个平台，做深做透。

8.1 矩阵优势：全方位展示发声，倍数级提升曝光

自媒体矩阵，不管是多渠道展示，还是做透单个渠道，都能提升发声量，增加曝光机会，有效提高内容的传播效果。

构建多个账号，打造自媒体矩阵的前提，是跑通最小 MVP 盈利模型。

8.1.1 加强曝光，从一个人到一个团队

1. 打造自媒体矩阵的好处

（1）分散风险

不要把鸡蛋放到同一个篮子里，这是经济学上著名的组合投资理论，同样适合小红书运营。不要把所有的精力和资本都投到同一件事情上，应该考虑分散风险。因为单个账号的抗风险能力实在是太差了，如果不幸出现黑天鹅事件，损失较大，用矩阵就可以分散风险。

（2）放大效益

想象一下，你有一个留学账号，每天可以稳定带来 50 个线索。那么，如果你有 10 个这样的账号，虽然运营成本会增加一些，但收益将会大大增加，你的盈利会轻松翻番。

在抖音等平台上，爆款作品对账号来说非常重要。假设你有一个成功的模式，在此基础上制作出相似质量的作品。那么，是让 1 条视频点赞超过 1 万容易，还是让 5 条视频点赞分别超过 2000 容易呢？

显然，要让单个作品获得1万点赞，对视频质量的要求更高。通过矩阵运营，适当降低视频质量，却可以提高打造爆款作品的概率。

2. 确切理解自媒体矩阵的原理非常重要

许多人以为矩阵是指多个账号的集合，但实际上并非如此。自媒体矩阵的最重要功能是实现大规模、高效曝光。这需要有一个前提条件——成功打造一个账号。只有在该账号实现了商业闭环并盈利后，才能进一步开展其他账号的操作。

与其他仅有一个账号的情况相比，自媒体矩阵能够提供更广泛的内容传播和更大范围的品牌曝光。然而，在建立自媒体矩阵之前，首先要确保第一个账号能够实现商业闭环，并实现盈利。只有通过这个账号的成功转化，才能获得相应的资源、经验和影响力来操作其他账号。

只有如此，才有能力去运营和管理其他账号，并在自媒体矩阵中取得更大成功。

8.1.2 搭建团队：不同体量的业务，如何配置团队？

运营工作岗位通常分为内容运营、活动运营、用户运营等，应按照不同平台的实际需要进行人员分配和团队搭建，如图8-1所示。

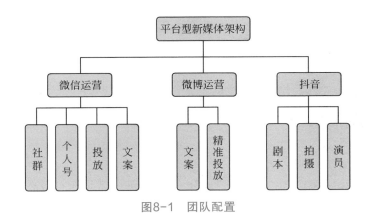

图8-1 团队配置

（1）初创型团队：1～2人

一个运营搭配一个助理，跑通一个账号的所有盈利闭环流程。账号起步阶段，先用最小成本来验证想法，保质保量输出每一篇内容。

（2）小而美团队：6～10人

由于第一阶段已经跑通了单个账号MVP盈利闭环，这个阶段就可以放大收益，横向拓展。

团队架构不用太复杂，运营、编导、拍摄、剪辑，可以共同完成几个账号，也可以分组合作。这一阶段可以产生大量素材，比如有些博主在直播时输出的内容切片，也可以让运营团队剪辑发布。

（3）扩大团队：10人以上

这个阶段多个账号盈利路径都已经打通，并且内容形式多样化，矩阵再次横向发展。

更重要的是，可以将盈利路径拓展到更多领域。这样，团队可以更好地利用资源，进一步提升收益和影响力。同时，团队在运营和内容创作方面也会有更多的专业化分工和协作，进一步提高效率和质量。

从初创型团队到小而美团队再到扩大团队，每个阶段有不同的目标和任务。

初创型团队，通过最小成本验证想法，并保证内容输出的质量和数量；小而美团队，在跑通单个账号盈利的基础上，通过团队协作放大收益并拓展矩阵。扩大团队，利用多个账号的盈利路径，不断扩展矩阵的数量和内容形式，实现更大规模的运营和收益。

8.2　建立矩阵：3种最常见的矩阵打法

不同类型的账号承担不同的责任，小红书平台账号拥有较高的影响力和可信度，可以直接传递品牌的独特风格和价值观，而小红书认证的个人账号则更加注重符合自身企业形象的个人IP。

这些个人账号可以扮演不同的角色，比如品牌的创始人、某某老师，通过分享自己的专业知识和经验故事，建立品牌和用户之间的情感联系。

两种账号类型结合，可以实现品牌形象的多维度传播，整合平台和个人的品牌传播策略，极大提升品牌影响力和市场竞争力。

8.2.1　品牌号与人设号

1. 品牌号

中国企业在各大自媒体平台设立品牌号，主要有以下几个作用，如表8-1所示。

表8-1　品牌号矩阵策略

类型	作　用
品牌推广	品牌号可以通过发布品牌、产品、服务等相关内容来提升品牌知名度和形象，吸引目标受众的关注
建立专业形象	品牌号可以发布行业资讯、专业知识分享等内容，展示企业的专业能力和行业影响力，从而提升企业在行业内的知名度和声誉
渠道拓展	品牌号可以通过合作、推广等方式拓展合作伙伴和客户群体，达到商业合作和销售的目的
市场调研	品牌号可以通过用户反馈、数据分析等方式获取用户需求和市场动态，为企业的产品改进和市场战略调整提供依据
危机管理	品牌号可以实时回应用户关切，通过专业的公关、危机管理等策略应对和化解危机，维护企业声誉和利益

总体来说，通过在各大自媒体平台设立品牌号，企业可以借助自媒体平台的影响力和传播能力促进品牌推广、用户互动、市场拓展和危机管理，提升企业在社会和市场中的影响力、竞争力。

2. 人设号

在矩阵中设立"人设号"，指的是在自媒体平台上创建具体的虚拟人设，例如角色、明星、博主等来代表企业或品牌。设立"人设号"的作用，如表8-2所示。

需要注意的是，设立"人设号"也存在一些潜在风险和挑战。

例如，身份的可信度、角色与企业的一致性等。因此，在使用虚拟人设和真实人设的时候，需要谨慎考虑其适用性和可行性，确保其与企业整体形象和市场定位相协调。

表8-2　"人设号"矩阵策略

类型	作用
增加个人性和亲近感	通过设立人设，可以让用户更容易与其产生情感共鸣和亲近感，从而增加用户对品牌或企业的好感度
提升品牌形象和故事性	通过虚拟人设和真实人设，可以构建一个有趣、个性化的形象，讲述品牌故事，吸引用户注意力，留下深刻印象
增强信任和认可	通过设立人设，可以为品牌或企业赋予特定角色并表达观点，使用户更加信任和认可，从而建立更亲密的联系
实现品牌差异化	通过独特的人设，企业可以与竞争对手区分开来，突出品牌的个性和独特之处，增加品牌的差异化竞争优势

8.2.2　塑造不同人设，走差异化道路

不用纠结到底需要做多少个账号，而是要清楚每一个账号的实际作用，围绕每一个账号的实际责任去运营。

在小红书平台上，蜜雪冰城是声量最高的品牌之一，它专注于食品饮料赛道。作为成立时间较长且已开拓国外市场的品牌，蜜雪冰城在内容营销方面形成了独具特色的策略。

蜜雪冰城在小红书上运营着两个平台蓝 V 账号，分别是蜜雪冰城和蜜雪冰城雪王。

蜜雪冰城主要发布品牌动态、平台 MV、新品展示、开店信息以及奶茶狂欢节等营销信息，已经积累了 90.3 万粉丝；蜜雪冰城雪王则拥有 210.4 万粉丝，据统计这是小红书品牌账号中粉丝最多的。

撇开品牌力量加持，其在内容创作方面也有可借鉴的地方。蜜雪冰城雪王采用了"剧情 + 动画"的方式，其目标并非直接赚钱，而是塑造雪王这一IP 形象。在作品中，雪王展现出许多人性化的情感，性格上有点懒散却又贪

吃，由此成功融入学生群体，引起粉丝共鸣，尤其在暑假期间。

蜜雪冰城雪王在小红书平台上通过与用户建立情感联系和创造独特的内容形象取得了巨大成功，这一做法对其他品牌也有启发和借鉴意义。

企业不同账号之间的搭配可以带来不同的关联反应，比如淘米熊艺术：淘米熊艺术平台账号用来传递品牌理念；淘米熊代代老师、教画画的小马老师，则用来树立企业 IP，在小红书进行直接转换和获客，如图 8-2 所示。

图8-2　淘米熊艺术

8.2.3　组建关系

除了前面的矩阵打法，账号还有不少其他的矩阵打法。

1. 情侣矩阵

设计情侣账号需要确定风格，可以轻松、优雅、欢快、有颜值，确保情侣号有一个统一的账号形象，更能够加深大众认知。

在短视频时代，很多人把男朋友或者女朋友的瞬间记录下来，情侣旅行、情侣拍照、情侣穿搭、情侣日常，这一类接广告的空间比较大，如图 8-3 所示。

（a） （b）

（c） （d）

图8-3 情侣账号截图

Chelse 鹅和蛋特 DANTE 这两个情侣账号风格完全不一样，鹅和男朋友的账号走的是精致颜值路线，如图 8-3（a）、图 8-3（b）所示。

蛋特则是在视频当中和女朋友一起跳舞，如图 8-3（c）所示；歪歪主要展示穿搭，走的是活泼热辣路线，如图 8-3（d）所示。

2. 大小号结合

有很多搞笑类博主拥有大小两个账号，分别承担不同的责任，如图 8-4所示。

图8-4　王七叶的大小号

小号王七叶 Mini，专注于美妆领域，主要记录王七叶本人的日常生活，她分享了拍摄妆容、体态管理技巧等专业内容，通过这些内容进一步扩展商业合作机会。

8.3　账号协同：矩阵账号如何高效搭配？

用好一系列运营方法，能更好地帮助矩阵账号进行内容创作。

8.3.1 用好基本功能，账号关联玩法

1. 增加店铺和商品入口

使用多个账号引导流量到店铺，增加粉丝覆盖范围。通过在小红书开设主账号，并与店铺关联，可以将子账号关联到主账号的店铺。子账号可以在个人页展示，主账号的店铺或商品也可以发布商品笔记。

这样一来，主账号和其粉丝都能够进入店铺购买商品，增加曝光率和流量，从而促进销量的增长，如图 8-5 所示。

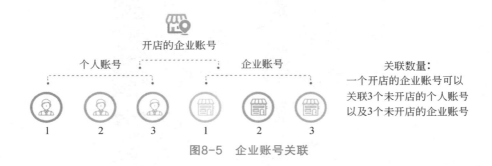

图8-5　企业账号关联

2. 多账号配合宣发

通过构建账号矩阵，可以实现多渠道的营销活动推广，从而达到同频共振的效果。

例如，在商家开展品牌活动时，可以同时利用主账号和子账号进行活动宣传和预热，以确保更多的人接收到品牌活动信息，进而扩大品牌影响力。这样的策略有助于提高品牌知名度，加强品牌的曝光，从而推动销售增长，如图 8-6 所示。

3. 多账号关联操作

账号关联允许品牌在多个账号间共同经营企业形象。

通过建立账号矩阵，品牌可以实现品牌宣传、种草等功能的多账号运营，从而更好地推广自己。这项功能可以帮助商家有效地宣传品牌形象，增加品牌的曝光度，如图 8-7 所示。

图8-6　凯叔讲故事多账号宣发

图8-7　多账号关联操作

8.3.2　精细化人群运营

为了有效运营店铺中的多个品类，差异化运营是非常重要的。可以通过为不同品类设立不同账号来实现，以便更加垂直地展示内容。

例如，阿桂爷爷这个品牌可以利用养生来区分消费者：阿桂爷爷花茶账号针对爱喝花茶的人群发布花茶养生教程，阿桂爷爷食品则专注于养生人群展示应季食物和食谱。这样的定位可以更精准地匹配不同的目标人群，并设计更高效的转化率，如图8-8所示。

图8-8　阿桂爷爷精细化运营

另外，多个账号还可以承担不同的运营角色。例如，可以使用主账号进行品牌管理和推广，而子账号则可以作为创始人的个人账号，在日常笔记中展示商品，减少营销感，使商品更贴近消费者的使用场景，如图8-9所示。

图8-9　多个账号联动

8.3.3　大小号简介联动引流

为了打通营销链路，主账号可以在简介中标注品牌主理人的身份，并使用@符号提及。此外，主账号还可以经常与个人子账号的笔记进行互动，包括点赞、评论等。

通过个人子账号的人格化运营和曝光，可以吸引更多用户关注品牌。这样，主账号和子账号之间联动，就能形成良性循环的销售路径，如图 8-10 所示。

图8-10　大小号简介联动

8.3.4　内容长效涨粉，直播承接成交

如何创造具有吸引力的优质内容来实现销售目标呢？

一种方法是通过优质内容吸引小红书平台上的用户，激发他们的兴趣和参与度，帮助创作者建立起一支忠实的粉丝队伍。

在创作过程中，创作者可以突出产品的特点、用途和优势，提供实用的使用心得和建议，甚至分享一些独家的购物优惠信息，从而吸引粉丝进行购买转化。

另外，可以通过直播与粉丝进行互动交流，进一步增强粉丝的黏性和信任度，同时为商家提供一个有助于销售的渠道，如图 8-11 所示。

首先，在直播中，创作者可以回答粉丝的问题，消除他们的疑虑，双方建立起更深厚的信任关系。

其次，直播是一种更加生动、有趣且多样化的内容形式。相比于平时发布的文字或图片内容，直播可以通过真人展示、演示和互动更好地展示产品特点和用途。观众可以看到产品的真实效果，更加直观地了解使用方法。这种视听体验可以有效地引起消费者的兴趣和好奇心，促使他们更愿意购买和尝试产品。

图8-11　小红书直播

最后，通过直播形式限时促销，也是一种辅助转化的利器。直播的即时性和互动性使得创作者可以更加灵活地促销，例如推出折扣优惠、限量特惠等。这种限时促销活动可以创造一种紧迫感，促使粉丝在有限的时间内做出购买决策。

同时，直播还可以提供购买链接、优惠码等，方便粉丝快速完成购买转化。

8.3.5　家庭矩阵号

家庭成员矩阵号是指以家庭成员（例如夫妻、父母、子女等）为核心，共同运营的自媒体账号。这种账号以展示家庭生活、分享育儿经验、传递家庭价值观为主要内容，如图 8-12 所示。

比如，薯条来啦和琰琰也是薯条妈这两个账号。薯条宝贝非常可爱，薯条宝贝涨粉之后，薯条的妈妈也开了一个小红书账号，分享一些育儿经验，以及和薯条相处的日常。

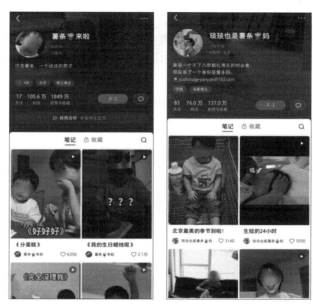

图8-12　薯条和薯条妈妈

8.3.6　MCN集合矩阵

一方面对接优质的内容博主，另一方面寻找推广平台实现盈利，MCN就像一个中介公司，如图 8-13 所示。

图8-13　MCN机构

MCN 公司会为每一个签约的网红量身定制，从内容创意到制作团队，再到推广策略。他们会为你打造一个属于自己的独特账号，同时提供强大的资源。

8.4 店面装修，做好企业的线上门面装修

2023 年下半年，小红书把电商业务升级为一级部门，并由 COO 柯南负责，这一举动加强了外界在小红书做好电商的决心。

要在小红书做电商，开店必不可少。开店就是在小红书注册店铺，把商品上架到自己的店铺进行销售，而且上架的不一定是自己的货源，别人的货源一样也可以。

8.4.1　开薯店

1. 开薯店的好处

相比其他电商平台或者内容平台，小红书的电商虽然起步晚，但算法对新人比较友好，更重要的是竞争要小很多。

首先，有流量扶持。小红书推出"号店一体"，注册账号就可以开设店铺，大幅度降低个人开店的门槛。同时还有"买手计划"等一系列电商扶持政策。能看得出来，目前平台极度缺商家、缺商品，所以在这个阶段入驻小红书自然会有流量扶持。在买手时代电商活动中，小红书平台承诺给商家和个人各 500 亿的流量扶持，提前入局的玩家早就感受到这波红利了。

其次，入局门槛比较低。只要有身份证就能开一家小红书店铺；有营业执照就可以同时运营，增加企业号店铺，而且不用提前缴纳保证金。目前平台对货源的管控也比较宽松，就算没有货源，也可以在平台选品带货，赚取佣金。

2. 开薯店步骤

打开小红书，点击"我"—点击左上角三条杠—点击"创作中心"—点击"更多服务"—点击"开通店铺"，按照提示填写相关信息、上传相关资质证件即可，如图 8-14 所示。

小红书开店需要缴纳保证金，从个人到企业保证金从 1000 元到几万元不等，根据店铺类目来选择不同的保证金，保证金在店铺关闭后可以申请退回。

图8-14　开薯店步骤

8.4.2　店铺装修

上架商品的步骤：在电脑上登录商家管理后台，然后点击"商品"—"发布商品"，按照提示填写商品信息，上传商品图片。

一个好的店铺装修至关重要，以下是店铺装修步骤，如图 8-15 所示。

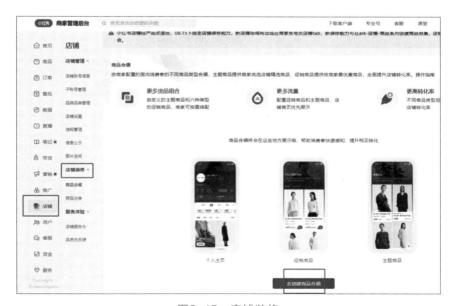

图8-15　店铺装修

请注意，具体的操作步骤可能因平台界面和功能的调整而有所差异，建议参考平台的帮助文档或联系平台客服，以确保正确操作。

另外，为了提高商品曝光和销售效果，还可以考虑合理设置商品价格、提供详细的产品描述和使用说明、与用户进行互动等。通过不断的内容优化和产品营销，提升商品销售量和用户满意度。

8.4.3 产品售卖

当商品全部上架到店铺之后，如何把产品卖出去呢？

1. 发笔记售卖

制作既能够卖出货，又能获得流量的笔记，如图 8-16 所示。一旦有人通过笔记下单，就可以通过后台安排发货。如果你有自己的货源，可以安排快递发货，然后把快递单号填写到后台的店铺。

图8-16 笔记带货

2. 直播售卖

开通了薯店的商家可以 0 粉丝开直播，自己带店铺的商品自己发货，没有货源的可以到小红书商品"合作中心"勾选优质产品直播带货。在商品合作中心，可以免费申请拿样，商家接到申请会审核，个人博主粉丝量越高越容易申请到。

直播间怎么售卖呢？

创建直播计划，配置直播间售卖商品。进入"直播计划"，点击"创建直播计划"，添加直播时要上架的商品，再简单配置"商品推荐语/商品分类/商品排序"等。

打开手机直播，关联创建的直播计划。在开播的时候打开小红书App，点击"+"，选择"开始直播"，点击购物袋"添加商品"或者开播之后点击红色购物袋，添加直播商品，可以从"我的店铺"或者"我的选品"当中添加直播链接，如图8-17所示。

图8-17　开始直播

若是需要讲解上一个商品，可以在开播后点击下发红色购物袋，跟着主播节奏依次上品。

直播间还有很多小功能，如红包、小助手、主播连线、镜面功能等，可根据实际情况选择应用。